MICHAEL GERHARDY

Grillen für KERLE

MICHAEL GERHARDY

Grillen für KERLE

Die besten BBQ-Rezepte für Männer

riva

INHALT

DESSERTS 136

ZUTATENREGISTER 158

Das ultimative Grillbuch für wahre Grillmeister!

Gemütliche Grillabende auf dem Balkon, Wintergrillen mit wärmender Holzkohle oder sommerliches Barbecue mit Freunden und Familie: Grillen ist ein wahres Lebensgefühl – besonders für echte Kerle. Dieses Grillbuch enthält eine vielfältige Auswahl an Rezepten für jeden Geschmack.

Alle Rezepte, von echten Klassikern bis zu Trendthemen, sind neu interpretiert und bieten das gewisse Etwas. Mit dem leckeren Fingerfood, wie etwa den gefüllten Jalapeños, wird jede Party zum Erfolg. Saftige Steaks, würzige Burger und Fischgerichte dürfen natürlich nicht fehlen. Und auch für Kerle, die nicht immer Fleisch wollen, ist in dem Kapitel »Vegetarisches« für leckere Abwechslung gesorgt. Für den süßen Zahn liefert das Dessertkapitel das Passende. Durch einfache Schritt-für-Schritt-Anleitungen werden auch Grillanfänger ohne Probleme zum Meister am Grill. Also, los geht's!

Viel Spaß am und um den Grill wünscht dir

Michael Gerhardy

Grillequipment

Dieses Grillbuch bietet eine vielfältige Auswahl an Rezepten für jeden Geschmack. Von der Verwendung von klassischen Holzkohlegrills über Gasgrills bis hin zu modernen Elektrogrills findest du hier Rezepte, die zum großen Teil unabhängig von den jeweiligen Grillgerätetypen sind. Generell sind wohl Kugelgrill, Gasgrill und Keramikgrill eine gute Wahl für die Rezepte, da dort ohne Probleme direkte und indirekte Hitzezonen eingerichtet werden können. Möchte man andere Grillgeräte einsetzen, sollte man erst prüfen, ob die angegebenen Hitzezonen umgesetzt werden können – so sind z. B. Gerichte, bei denen man einen indirekten Bereich mit geschlossenem Deckel benötigt, bei Feuerplatten nicht so einfach bis gar nicht umsetzbar.

Übersicht einiger Grillgerätetypen

Welchen Grill brauche ich? Grille ich lieber auf Holz oder mit Gas? Und welches Grillgerät würde ich am liebsten benutzen? Diese Fragen muss jeder ganz individuell beantworten und die Antwort hängt sehr von den persönlichen Vorlieben, dem Geldbeutel und möglichen Aufstellorten ab. Damit die Entscheidung etwas leichter fällt, folgt hier eine Auflistung einiger bekannter Grillgerätearten mit deren Vor- und Nachteilen.

Gasgrill

Der Gasgrill bietet gegenüber dem Kugelgrill einiges an Komfort. Hier entfällt das Anzünden des Holzes bzw. der Kohle und man kann ohne große Vorbereitung mit dem Grillen starten. Einfach die Gasflasche aufdrehen, die gewünschten Grillzonen aktivieren und den Zündknopf drücken – schon kann das Grillen beginnen. Auch wenn die Brenner im Gasgrill schnell gezündet sind, sollte man den Gasgrill 5–10 Minuten vorheizen, bis man das Grillgut auflegt.

Wichtiger Hinweis: Bevor die Gasflasche aufgedreht und der Brenner gezündet wird, muss unbedingt der Deckel geöffnet sein.

Die Temperaturregelung erfolgt beim Gasgrill durch die äußeren Bedienelemente und dadurch lässt sich die gewünschte Temperatur schnell erhöhen oder senken. Je nach Ausstattung gibt es aktuelle Gasgrills auch mit einem Seitenbrenner, auf dem Pfannen und Töpfe verwendet werden können, oder mit einem Backburner. Beim Backburner bzw. Heckbrenner erfolgt die Hitzeeinstrahlung vertikal von hinten und in Verbindung mit einem Drehspieß wird so das Grillgut von allen Seiten gleichmäßig gegart.

Diese zusätzlichen Features schlagen sich in der Regel auch im Preis nieder. Gasgrills kosten – je nach Größe und Ausstattung – im Allgemeinen mehr als Kugelgrills. Dieses Mehr an Komfort wird durch mehr Technik erzielt und somit ist der Gasgrill auch störungsanfälliger als ein einfacher Kugelgrill.

Ein weiterer Nachteil des Gasgrills ist, dass das Gas geruchlos verbrennt und somit nicht zu den typischen Raucharomen beiträgt. Abhilfe können hier aber separate Räucherboxen schaffen, die mit Holzspänen oder Holzchips gefüllt werden können und direkt auf einem Brenner platziert werden.

Nicht zuletzt sind Gasgrillgeräte durch ihre Bauart und Konstruktion in der Regel auch größer als Grills mit vergleichbarer Grillfläche.

Kugelgrill

Der Kugelgrill ist wohl die populärste und bekannteste Grillbauweise in der Welt und für viele die einzig wahre Form des Grillens. Sein typisches Aussehen erhält er durch eine halbrunde Feuerschale unten und einen halbrunden Deckel oben. Durch den Deckel verteilt sich die Hitze im Inneren gleichmäßig und bleibt einigermaßen konstant. Nebenher fungiert der Deckel als Windschutz und verhindert ein Absinken der Temperatur. Die Temperatur wird hier über Lüftungsöffnungen in der Feuerschale und/oder im Deckel geregelt.

Im Prinzip sind mit einem Kugelgrill alle Arten des Grillens möglich. Ob direktes oder indirektes Grillen – hier kann von einfachen Würstchen über Steaks bis hin zur Pizza alles zubereitet werden.

Den Kugelgrill gibt es in verschiedensten Ausführungen und Maßen – und gerade zur Grillsaison findet man in vielen Garten- und Baumärkten für jeden Geldbeutel ein passendes Gerät. Durch seine kompakte und einfache Bauweise eignet sich der Kugelgrill auch für Grillplätze mit wenig Fläche.

Klassischer Smoker

Das ist vielleicht die ursprünglichste Form des Grillens oder Barbecues, wenn man sich ein Grillevent vorstellt. Mit dem Smoker kann man so ziemlich alles machen, was man sich im Grillbereich denken kann. Bei jeder Temperatur grillen, backen und räuchern – was will man mehr.

Haupteinsatzgebiet ist aber das Zubereiten bzw. Garen von Grillgut über viele Stunden hinweg. Im Wesentlichen besteht ein Smoker aus dem Garraum und einer seitlich angebrachten Feuerbox. Die heiße und rauchige Luft wird durch die Garkammer mit dem Grillgut geleitet und zieht über einen Kamin ab. Über Lüftungsklappen steuert man die Temperatur und die Rauchbildung. Je mehr die Klappen geschlossen sind, umso weniger Sauerstoff steht zur Verbrennung zur Verfügung, und das bedeutet weniger Hitze und mehr Rauch. Sind die Klappen offen, gelangt mehr Sauerstoff in die Feuerbox und die Hitze steigt, dadurch entsteht aber auch weniger Rauch.

Je nachdem, welches Holz man für das Feuer verwendet, kann man den Rauchgeschmack beeinflussen. Fruchtige Hölzer wie Apfel und Kirsche erzeugen eher ein dezentes Aroma, wohingegen Eiche, Buche und Hickory intensiveren Rauchgeschmack verleihen.

Pellet-Grill / Pellet-Smoker

In den letzten Jahren sind Grillgeräte, die mit Pellets betrieben werden, immer beliebter geworden. Das Prinzip dabei

ist relativ einfach: Die Pellets werden aus einem Vorratsbehälter mittels einer Schnecke an eine Brennstelle im Garraum befördert und dort gezündet bzw. verbrannt. Dabei regelt eine Elektronik über die vorgegebene Temperatur die Fördergeschwindigkeit der Pellets. Dadurch bleibt die Temperatur konstant oder lässt sich schnell nach oben oder unten anpassen.

Durch die unterschiedlichen Arten von Holzpellets (Apfel, Kirsche, Buche ...) kann man das Raucharoma je nach Geschmack variieren.

Im Prinzip gleicht der Pellet-Smoker einem klassischen Smoker, er vereinfacht und automatisiert aber die Temperaturregelung. Nachteilig ist, dass man für die Elektronik eine Steckdose in der Nähe braucht.

Keramikgrill

Der Keramikgrill ist so etwas wie der Allrounder unter den Grills: Er vereint Smoker, Backofen und Kohlegrill in einem. Ob direktes oder indirektes Grillen, beides stellt für den Keramikgrill keine Herausforderung dar. Besonders bei sogenannten »Long Jobs« spielt der Grill seine Vorteile aus. Das erreicht er durch seinen Aufbau und die verwendeten Materialien. Der Grillkörper besteht aus Ton oder Keramik und im unteren Teil wird die Holzkohle verteilt und angezündet. Über einen unteren regulierbaren Lufteinlass und einen regulierbaren Luftaustritt im Deckel kann man die Temperatur ziemlich genau einregeln.

Für das direkte Grillen legt man einen Grillrost über die Holzkohle. Für das indirekte Grillen muss man die Glut noch

abschotten, dies geschieht über einen Deflektorstein. Der Rost kommt dann über den Deflektorstein. Durch die dicken Keramikwände und die darin gespeicherte Wärme kann über einen langen Zeitraum die Temperatur im Inneren konstant und mit wenig Kohle gehalten werden. So sind Garzeiten von bis zu 20 Stunden möglich. Nachteil daran ist, dass die Keramikwände erst aufgeheizt werden müssen, was zu einer etwas längeren Anlaufphase führt, bevor gegrillt werden kann.

Der weite Temperaturbereich von 80–400 °C ermöglicht es aber auch, Kurzgebratenes wie Steaks, Burger und Fisch oder sogar Pizza und Brot auf dem Keramikgrill zuzubereiten.

Feuerplatte

Dass man auch ohne Grillrost leckere Grillgerichte zaubern kann, beweist die Feuerplatte. Die Feuerplatte ist in der Regel eine dicke kreisrunde Platte aus Stahl, die auf eine Feuerstelle gelegt wird. Die Feuerstelle kann eine Feuertonne, Feuerschale oder auch ein Holzkohlegrill sein. In der Mitte der Platte befindet sich ein Loch, durch das Holz nachgelegt werden kann.

Je nach Durchmesser der Platte hat man so viel Platz für unterschiedliche Grillvariationen und durch den Hitzeverlauf von heiß (300 °C) nahe der Mitte bis moderat (100 °C) am äußeren Rand kann man sehr gut mit den unterschiedlichen Gargraden spielen.

Elektrogrill

Auch wenn der Elektrogrill bei einigen Grillern (zu Unrecht) belächelt wird, hat er durchaus eine Vielzahl von Vorteilen und seine Daseinsberechtigung. Während Gas- und Kohlegrills nicht in Innenräumen verwendet werden dürfen, ist dies mit dafür geeigneten Elektrogrills möglich.

Durch die oftmals kompakten Abmessungen sind diese Grills schnell auf- und abgebaut und platzsparend verstaut. Hier entfällt auch das Besorgen von Holz, Kohle oder Gas – den Grill einfach an der nächstgelegenen Steckdose einstecken und schon kann losgegrillt werden.

Man sollte nur darauf achten, dass die Leistung des Geräts ausreichend hoch ist, damit man ein schönes Branding und die gewünschten Röstaromen an das Grillgut bekommt.

Dutch Oven

Der Dutch Oven ist vielleicht im eigentlichen Sinn kein »echtes« Grillgerät, trotzdem erfreut sich der gusseiserne Topf wachsender Beliebtheit und es lassen sich fantastische Grillgerichte darin zaubern. Im Outdoorbereich ist der Dutch Oven ein treuer Begleiter, den man direkt in die Glut stellen kann und in dem man sowohl Fleisch braten als auch Eintöpfe, Spareribs, Pulled Pork, Brot und vieles mehr zubereiten kann. Den Deckel des Dutch Ovens kann man auch als Bratpfanne verwenden. Falls mal keine

Glut vorhanden ist, kann man den Dutch Oven sogar auf dem Gasgrill benutzen.

Schwenker

Wahrscheinlich nicht so weit verbreitet oder bekannt, aber aus meiner Region im Hunsrück und Umgebung nicht wegzudenken. Der Schwenker oder Schwenkgrill ist sehr einfach aufgebaut, da er lediglich aus einem Dreibein und einem Grillrost, der über ein Stahlseil mit dem Dreibein verbunden ist, besteht. Der Schwenker wird einfach über eine Feuerstelle am Boden gestellt und die Hitzeregulierung erfolgt über die Länge des Stahlseils (längeres Seil = näher am Feuer = höhere Hitze). Oder man bringt den Rost etwas in Schwung und »schwenkt« das Grillgut über dem Feuer hin und her. Prädestiniert für diese Art der Zubereitung sind natürlich Steaks aller Art, insbesondere marinierte Schweinenackensteaks, die in meiner Region ebenfalls den Namen »Schwenker« bekommen haben.

Die Hitzezonen

Im Prinzip kann man das Grillen oder Garen auf dem Grill in zwei Hitzezonen unterteilen – eine mit direkter und eine mit indirekter Hitze. Das Grillen über direkter Hitze bedeutet, dass man das Grillgut direkt und in unmittelbarer Nähe zur Holzkohle oder zu den Flammen legt. Steaks, Hamburger, Fischfilets und Meeresfrüchte, Gemüse oder auch Spieße sind dafür gute Beispiele. Beim Grillen über der direkten Hitze entstehen die sogenannten Röstaromen.

Streng wissenschaftlich gesehen, ist dafür die Maillard-Reaktion verantwortlich, bei der durch die hohe Hitzeeinwirkung vorhandener Zucker und Proteine im Lebensmittel reagieren und so die charakteristischen Düfte und die Bräunung hervorrufen.

In der indirekten Zone sind die Temperaturen wesentlich niedriger und es besteht auch kein direkter Kontakt zur Hitzequelle. Dieser Bereich ist sinnvoll für Lebensmittel, die über hoher Hitze schnell verbrennen würden bzw. langsam gegart oder geräuchert werden müssen. Klassische Beispiele hierfür sind Braten, Rippchen und dickere Fleischstücke.

Natürlich können diese Zonen auch kombiniert werden, indem man das Grillgut erst scharf anbrät, um die gewünschten Röstaromen zu bekommen, und es dann in der indirekten Zone bis zur gewünschten Kerntemperatur zu Ende gart.

Generell ist es sinnvoll, sich immer eine direkte und indirekte Zone auf dem Grill vorzubereiten. Selbst wenn man nur ein Steak zubereiten möchte und es erst über der direkten Flamme scharf anbrät, kann man es danach in den indirekten Bereich legen und hat dort die Möglichkeit, die Kerntemperatur besser zu treffen.

Die Zonen lassen sich je nach Grillgerät relativ einfach einrichten. Beim Grillen mit Holzkohle lässt man lediglich eine Hälfte des Grills frei. Beim Gasgrill ist es noch einfacher, man zündet einen Brenner gar nicht erst an. Hat der Gasgrill drei Brenner oder mehr, schaltet man die mittleren Brenner aus. Mit den äußeren Brennern kann dann die Temperatur geregelt werden.

Viele Grills bieten auch eine erhöhte Ablage über dem Grillrost, das reicht in vielen Fällen schon für indirektes Grillen aus. Man muss da nur vorsichtig mit der Temperatur sein, da die heiße Luft nach oben steigt und so die Umgebungsluft an der obersten Stelle am höchsten ist.

Zubehör

Der Grill an sich ist natürlich das Wichtigste, aber es gibt einiges an Zubehör, das einem die Arbeit am Feuer und das Gelingen einer BBQ-Party erleichtert. Wenn man sich in den Grillshops umschaut, gibt es eine schier unglaubliche Anzahl an sinnvollen und weniger sinnvollen Hilfsmitteln und jeder muss für sich entscheiden, welches Equipment er schlussendlich nutzt. Das folgende Zubehör sollte meines Erachtens allerdings bei keinem Griller fehlen.

Grillzange

Eigentlich unerlässlich für das Grillen, da in den meisten Fällen das Grillgut gewendet oder an andere Stellen auf dem Grill, wie z. B. vom direkten in den indirekten Bereich, gelegt werden muss. Grillt man mit Holzkohle oder Briketts, hilft eine zweite Zange auch beim Umplatzieren der Kohle.

Fleischthermometer

Für das perfekte Steak ist es wichtig, die passende Kerntemperatur zu treffen. Es wird zwar oft gesagt, dass man durch Druck mit dem Finger auf das Grillgut den aktuellen Gargrad erfühlen kann, aber dafür braucht man schon eine Menge Erfahrung. Und wenn man nicht etliche Steaks verbraten will, ist meiner Meinung nach der Einsatz eines Einstichthermometers die sinnvollere Alternative. Diese Thermometer gibt es schon für wenig Geld und man kann damit schnell und einfach die Kerntemperatur des Fleisches checken.

Wer gerne den Garprozess über einen längeren Zeitraum messen will, wie etwa bei der Zubereitung von Pulled Pork oder Brisket / Rinderbrust, für den wäre ein Funkthermometer die richtige Wahl. Die meisten Geräte lassen sich mit dem Smartphone verbinden und man kann dort komfortabel die aktuelle Kerntemperatur und den Temperaturverlauf ablesen. In den meisten Apps lassen sich sogar Warnungen bei Erreichen einer vorgegebenen Temperatur einrichten. Zusätzlich bieten viele dieser Thermometer noch eine weitere Möglichkeit, um die Temperatur im Garraum zu messen.

Gemessen wird seitlich an der dicksten Stelle des Fleischstücks – aber Achtung, dass man beim Einstechen nicht eventuell vorhandene Knochen im Fleisch trifft. Der Knochen leitet die Wärme gut und würde dadurch das Messergebnis verfälschen.

Hier eine kleine Übersicht der Kerntemperaturen zu den häufig verwendeten Grillstücken:

GRILLGUT	MEDIUM RARE	MEDIUM	WELL DONE
Rinderfilet	bis 55 °C	55–58 °C	über 58 °C
Rumpsteak	bis 55 °C	55–58 °C	über 58 °C
Rib-Eye-Steak	bis 55 °C	55–58 °C	über 58 °C
Flanksteak	bis 55 °C	55–58 °C	über 58 °C
Kalbsfilet	-	56–58 °C	über 58 °C
Spareribs	-	-	85–90 °C
Baby-Back-Ribs	-	-	85 °C
Schweinenacken	-	70 °C	über 75 °C
Schweinefilet	-	58–62 °C	über 65 °C
Schweinekotelett	-	63 °C	über 75 °C
Pulled Pork	-	-	90–95 °C
ganzes Hähnchen	-	-	80 °C
Hähnchenbrust	-	-	80 °C
Hähnchenkeule	-	-	75 °C
Lammfilet	-	60–62 °C	über 65 °C
Lammlachse	-	60–62 °C	über 65 °C
Lachs	-	50–60 °C	über 60 °C
Forelle		54 °C	

Anzündkamin

Wer gerne mit Kohle grillt, der wird einen Anzündkamin zu schätzen wissen. Damit kann man die Kohle sicher und schnell anzünden und sie glüht gut durch. Je nach Brennmaterial kann so ein komplett gefüllter Anzündkamin innerhalb von 15–20 Minuten durchgeglüht sein. Da die Kohle in so kurzer Zeit »betriebsbereit« ist, kann man auch über eine längere Zeit seine Grillsession durchführen und gegebenenfalls neue Kohle zubereiten.

Kohle

Ob man nun klassische Holzkohle oder Briketts nimmt, hängt auch davon ab, was man grillen möchte. Holzkohle wird hergestellt, indem man in einem Meiler Hartholz unter Luftabschluss und ohne Sauerstoffzufuhr erhitzt. Dabei verbrennen die flüchtigen Bestandteile und es bleibt Holzkohle zurück. Diese lässt sich relativ schnell entzünden, verbrennt fast ohne Flammen und kann eine Temperatur bis zu 700 °C erreichen. Somit eignet sie sich hervorragend für das Grillen von Steaks und Co.

Wenn man lieber indirekt und über einen längeren Zeitraum grillen möchte, ist man mit Briketts besser bedient. Briketts werden maschinell aus Kohlestaub und einem Bindemittel gepresst und kommen daher in gleichförmigen Abmaßen in den Handel. Die Briketts glühen bis zu 3 Stunden lang und durch das Legen eines Minion-Rings erreicht man locker mehrere Stunden konstante Hitze. Minion-Ring bedeutet, dass die Grillbriketts kreisförmig aneinandergelegt werden und dann eine Seite angezündet wird. Die folgenden Briketts entzünden sich so nacheinander und glühen über Stunden auf die andere Seite durch.

Scharfes Messer

Ein gutes Messer ist in der Küche und beim Grillen unerlässlich. Egal ob beim Schneiden von Gemüse, Hacken von Kräutern oder Auslösen bzw. Zuschneiden von Fleisch – ein scharfes Messer erleichtert die Arbeit ungemein und erhöht die Sicherheit. Mit einem stumpfen Messer muss man nämlich meist stärker drücken, hat dadurch weniger Kontrolle und rutscht im schlimmsten Fall beim Schneiden ab.

Damit man an seinem Messer lange viel Freude hat, sollte man nur auf geeigneten Unterlagen wie Brettern aus Hartholz oder Plastik schneiden. Bei härteren Unterlagen wie Stahl, Glas oder Stein ist das Messer schon nach wenigen Schnitten stumpf.

Vor dem Gebrauch reicht es oft schon, dass man den Grat am Messer, der sich bei Verwendung umlegt, wieder aufrichtet. Dazu ist ein Wetzstahl sinnvoll, bei dem das Messer mit einem Winkel von 20 Grad angesetzt wird und pro Seite zwei bis drei Mal am Stahl entlanggezogen wird.

Irgendwann wird allerdings jedes Messer durch Benutzung so stumpf, dass auch der Wetzstahl nicht mehr helfen kann. Dann bleibt als Rettung nur das Schleifen – entweder man übt sich selbst darin, was zu Beginn eher schwierig ist, oder man nimmt den Schleifservice beim Fachmann in Anspruch.

Grillhandschuhe

Beim Grillen geht es heiß her und da helfen ein paar vernünftige Grillhandschuhe auf jeden Fall weiter. Egal ob man beim Hantieren mit dem Anzündkamin auf Nummer sicher gehen will, den Dutch Oven oder sonstige gusseisernen Töpfe und Pfannen kurz anpacken oder den

Grillrost bewegen muss – ein paar hochwertige Handschuhe schützen sicher vor Verbrennungen.

Wenn man vorrangig mit Kohle und Briketts zugange ist, sollte man nach Grillhandschuhen aus Leder Ausschau halten. Diese halten höhere Temperaturen aus und sind für das Hantieren am offenen Feuer bestens geeignet.

Nutzt man die Handschuhe eher am Gasgrill, kann man auch auf Handschuhe aus Baumwolle und Aramid zurückgreifen.

Pfannen, Töpfe und Grillkörbe

Manche Zutaten lassen sich einfach nicht auf einem Rost grillen, z. B. klein geschnittenes Gemüse, kleinere Fleischstücke. Auch eine BBQ-Soße lässt sich nicht einfach so erwärmen. Daher ist es empfehlenswert, für diese Fälle einen kleinen Topf oder eine Pfanne im Repertoire zu haben. Während es für Gemüse sogenannte Grillkörbe gibt, eignen sich auch Pfannen und Töpfe aus Gusseisen wunderbar. Diese haben aufgrund der Materialeigenschaft eine gute Hitzeleitfähigkeit und dadurch eine relativ gleichmäßige Hitzeverteilung. Zudem sind sie auf vielfältigen Hitzequellen einsetzbar.

Ob auf dem Holzkohlegrill, Gasgrill oder direkt auf der Glut, die Produkte aus Gusseisen sind echte Allrounder. Wenn die Pfannen bzw. Töpfe richtig eingebrannt wurden und man sie gut pflegt, sind sie nahezu unverwüstlich und halten gefühlt ewig.

Reinigungsmaterialien

Nach dem (Grill-)Vergnügen kommt bekanntlich die Arbeit, und wenn man längere Zeit Spaß an seinem Grillgerät haben möchte, sollte man es auch entsprechend pflegen. Am Ende der Grillparty einfach den Grill aufheizen und mit der Grillbürste über den Rost gehen, sodass die Reste abfallen und verbrennen können. So ist der Grillrost für das nächste Grillen bestens vorbereitet, denn wer will schon sein Essen auf einem schmutzigen Grill zubereiten.

Welche Art von Grillbürste man hierfür verwendet, hängt vom Material des Rostes ab. Bei einem gusseisernen Grillrost zerstört eine Bürste aus Edelstahl die Patina, deshalb ist hier eine etwas weichere Bürste aus Messing zu wählen. Edelstahlroste sind in dieser Hinsicht pflegeleichter und können mit jeder Grillbürste gesäubert werden.

Von Zeit zu Zeit sollte man auch den Grill mal etwas gründlicher reinigen. Im einfachsten Fall nimmt man dazu einen Schwamm und warmes Seifenwasser.
Es gibt aber auch spezielle Reiniger, um hartnäckige Verkrustungen und unschöne Fettrückstände innen sowie außen zu beseitigen.

Nice to have – nützliche Helfer

Die Hilfsmittel in diesem Abschnitt sind zwar nicht unbedingt nötig, helfen jedoch bei der Vor- bzw. Zubereitung beim Grillen ungemein. Wer sich die Arbeit erleichtern möchte, sollte daher unbedingt einen kleinen Blick auf diese Helfer werfen.

Grillwender

Gerade wenn man auf der Feuerplatte oder Plancha grillt, ist ein Grillwender ein sehr nützliches Tool. Neben dem Mischen und Wenden von Grillgut auf glatter Oberfläche eignet er sich etwa zum Plattdrücken von Hackfleischpattys, wenn man Burger machen möchte.

Pinsel

Um das Grillgut auf dem Grill zwischendurch mit einer Marinade oder Soße einzustreichen, ist ein Pinsel sinnvoll. Die Borsten der heutigen Pinsel bestehen im Gegensatz zu den früheren Versionen nicht mehr aus Plastik, Holz oder Naturhaar, sondern sind in den meisten Fällen aus Silikon gefertigt. Diese können somit auch nach dem Einsatz in der Spülmaschine gereinigt werden.

Wiederverschließbare Gefrierbeutel

Wenn man Fleisch, Fisch oder Gemüse marinieren möchte, kann man das zwar auch in einer Schüssel oder sonstigen Behältern tun, um einiges effizienter und gleichmäßiger wird es aber in den wiederverschließbaren Gefrierbeuteln. Einfach alle Zutaten in den Beutel geben, Luft herausdrücken und Beutel verschließen. Anschließend kann man die Marinade noch von außen mit der Hand in das Grillgut einmassieren und den Beutel danach platzsparend im Kühlschrank verstauen.

Reibe

Gerade beim Herstellen von Marinaden oder Soßen braucht man oft Zutaten wie Ingwer, Knoblauch, Parmesan in geriebener Form. Auch für den Abrieb von Zitrusfrüchten ist eine Reibe äußerst hilfreich.

Kotelett- oder Rippchenhalter

Möchte man Rippchen für eine größere Anzahl an Gästen zubereiten, wird der Platz auf dem Grill schnell eng. Ein Rippchenhalter sorgt dafür, dass man die Rippchen hochkant auf den Grill stellen kann und dadurch mehrere Stücke im Garraum platzieren kann als sonst. Die heiße Luft kann trotzdem noch zwischen den Fleischstücken zirkulieren und gart die Rippchen gleichmäßig durch.

Spieße

Spieße gibt es in den unterschiedlichsten Materialien und Ausführungen. Bei Holzspießen ist es sinnvoll, diese vor der Verwendung eine Zeit lang zu wässern, damit sie nicht auf dem Grill verbrennen.

Außerdem sind sie nur einmal verwendbar. Diese Nachteile haben Spieße aus Metall nicht. Man kann die Grillstücke direkt auf den Spieß stecken und nach der Verwendung ist eine Reinigung in der Spülmaschine möglich.

Fischkorb

Einen ganzen Fisch auf dem Grill zuzubereiten, ist nicht ganz einfach, weil die Gefahr besteht, dass der Fisch mitsamt seiner Haut am Grill festklebt oder im schlimmsten Fall komplett auseinanderbricht. Beim Fischkorb wird der Fisch zwischen zwei Edelstahlgitter geklemmt. Dadurch bleibt er fest fixiert und kann problemlos während des Grillens gewendet werden.

Räucherbretter/Planke

Wie bereits gesagt, bekommt man mit dem Gasgrill ohne Hilfsmittel keine Raucharomen an das Grillgut. Abhilfe kann hier ein dafür vorgesehenes Räucherbrett aus unterschiedlichen Hölzern wie Buche, Erle oder Zedern schaffen. Vor Verwendung sollte das Brett gewässert und dann über direkter Hitze zum Glimmen gebracht werden. Danach kommt das Grillgut auf das heiße Holzbrett und wird im indirekten Bereich fertig gegart. Dabei nehmen die Lebensmittel das Raucharoma vom Brett auf.

Räucherbox

Dem gleichen Zweck – dem Essen ein Raucharoma hinzuzufügen – dienen sogenannte Räucherboxen. Anstelle eines großen Räucherbretts werden hier kleine Chips in Wasser eingeweicht und dann in eine Metallbox mit Löchern gegeben. Diese wird dann auf die direkte Hitze im Gasgrill gestellt, bis die Chips anfangen zu glimmen.

FINGERFOOD

GEFÜLLTE JALAPEÑOS

FÜR 6 STÜCK • ZUBEREITUNGSZEIT: 15 MINUTEN VORBEREITUNG • 20 MINUTEN GRILLEN

ZUTATEN:

6 Jalapeños
80 g Frischkäse
40 g geriebener Cheddar
Salz, Pfeffer
½ TL edelsüßes Paprikapulver
1 TL Worcestershiresoße
6 Scheiben Bacon

1. Den Grill für 180 °C indirekte Hitze vorbereiten.
2. Jalapeños längs halbieren und den Strunk samt Kernen entfernen.
3. Den Frischkäse in einer Schüssel mit dem geriebenen Cheddar vermischen und mit Salz, Pfeffer, Paprikapulver und Worcestershiresoße würzig abschmecken.
4. Die Jalapeño-Hälften mit der Käsemischung füllen. Die Baconscheiben halbieren und um die Jalapeños wickeln.
5. Die Jalapeños im indirekten Bereich ca. 20 Minuten grillen, bis der Bacon schön kross ist.

BLÄTTERTEIGSTANGEN

FÜR 12 STÜCK • ZUBEREITUNGSZEIT: 15 MINUTEN VORBEREITUNG • 15 MINUTEN GRILLEN

ZUTATEN:

ca. 50 g getrocknete Tomaten
1 Packung Blätterteig (aus der Kühltheke)
12 Scheiben Bacon
grobes Meersalz

1. Den Grill für 200 °C indirekte Hitze vorbereiten.
2. Die getrockneten Tomaten grob hacken.
3. Den Blätterteig in ca. 4 cm breite Streifen schneiden (ergibt 12 Streifen). Die getrockneten Tomaten gleichmäßig auf den Streifen verteilen und Teig jeweils längs zusammenklappen. Auf jeden Blätterteigstreifen 1 Scheibe Bacon legen und den Teig mit dem Bacon verdrehen.
4. Stangen zum Schluss mit grobem Meersalz bestreuen und ca. 15 Minuten bei indirekter Hitze auf dem Grill backen.

TIPP:

Falls keine getrockneten Tomaten vorhanden sind, diese einfach durch Tomatenmark ersetzen. Wer gerne eine andere Geschmacksrichtung ausprobieren möchte, kann die Tomaten durch gehackte Oliven ersetzen.

MOINK BALLS

FÜR 10 STÜCK • ZUBEREITUNGSZEIT: 20 MINUTEN VORBEREITUNG • 40 MINUTEN GRILLEN

ZUTATEN:

- 500 g Rinderhackfleisch
- 2 EL Magic Dust Rub (siehe Seite 130)
- 2 TL Senf
- 10 Käsewürfel (2 × 2 cm)
- 20 Scheiben Bacon
- 100 ml BBQ-Soße (siehe Seite 133)

1. Den Grill für 120 °C indirekte Hitze vorbereiten.
2. Das Hackfleisch mit dem Rub und dem Senf in eine Schüssel geben, gut vermischen und in 10 etwa 50 g schwere Portionen aufteilen. Eine Hackfleischportion in der Hand flach drücken, 1 Käsewürfel hineinlegen, mit Hackfleisch ummanteln und zu einer Kugel formen. Vorgang wiederholen, bis 10 Kugeln fertig sind.
3. Jede Kugel mit 2 Baconscheiben umwickeln, sodass kein Hackfleisch mehr zu sehen ist.
4. Die Moink Balls ca. 30 Minuten im indirekten Bereich grillen. Danach mit BBQ-Soße einpinseln und weitere 10 Minuten indirekt grillen.

GRILLBROT

FÜR 8 STÜCK • ZUBEREITUNGSZEIT: 30 MINUTEN VORBEREITUNG • 10 MINUTEN GRILLEN

ZUTATEN:

300 g Mehl
2 TL Backpulver
½ TL Salz
100 ml Wasser
100 g griechischer Joghurt
1 EL Öl

1. Den Grill für 180 °C indirekte Hitze vorbereiten.
2. Alle Zutaten in einer Schüssel miteinander vermischen und mit dem Handrührgerät kneten, bis ein geschmeidiger Teig entstanden ist. Den Teig 15 Minuten zugedeckt ruhen lassen.
3. Danach den Teig in 8 gleich große Portionen aufteilen. Die Teiglinge jeweils mit der Hand zu Fladen flach drücken und bei indirekter Hitze ca. 5 Minuten pro Seite grillen.

TIPP:

Wenn das Brot heiß vom Grill kommt, einfach noch mit einem Mix aus geschmolzener Butter und gepresstem Knoblauch oder Kräuter bepinseln. Das gibt einen tollen Glanz und einen geschmacklichen Kick.

KNOBLAUCHBAGUETTE

FÜR 1 BAGUETTE • ZUBEREITUNGSZEIT: 10 MINUTEN VORBEREITUNG • 10 MINUTEN GRILLEN

ZUTATEN:

100 g Butter
4 Knoblauchzehen
1 Prise Salz
1 Baguette
50 g geriebener Parmesan
1 Bund Petersilie

1. Den Grill für 160 °C indirekte Hitze vorbereiten.
2. Butter in einem Topf auf dem Grill schmelzen.
3. Knoblauch schälen und zur Butter pressen. Salz in die flüssige Butter streuen und alles verrühren.
4. Baguette längs halbieren und die Schnittflächen mit der Knoblauchbutter einpinseln. Die Baguettehälften mit der Schnittfläche nach unten kurz auf den Grill legen und anrösten. Dann umdrehen, mit Parmesan bestreuen und im indirekten Bereich kurz weitergrillen.
5. Währenddessen die Petersilie waschen, trocken schütteln und hacken. Das Baguette vom Grill nehmen und mit der Petersilie bestreuen.

SCHNELLES FLAMMKUCHEN-BROT

FÜR 4 STÜCK • ZUBEREITUNGSZEIT: 10 MINUTEN VORBEREITUNG • 5 MINUTEN GRILLEN

ZUTATEN:

4 Scheiben Brot
Olivenöl
200 g Schmand
Salz, Pfeffer
1 rote Zwiebel
4 Scheiben Bacon

1. Grill für 180 °C indirekte Hitze vorbereiten.
2. Brotscheiben mit etwas Olivenöl bestreichen und auf direkter Hitze kurz auf dem Grill anrösten.
3. Den Schmand in eine Schüssel geben und mit Salz und Pfeffer kräftig abschmecken.
4. Die Zwiebel schälen und in dünne Ringe schneiden.
5. Den Bacon auf dem Grill kross braten und danach in kleine Stücke brechen.
6. Die Brote mit dem Schmand bestreichen und Zwiebeln und Bacon darauf verteilen. Das Ganze noch mal kurz auf dem Grill erwärmen.

TIPP:

Zum Flammkuchen-Brot passen auch gehackte Kräuter, wie z.B. Petersilie, sehr gut.

PIZZABRÖTCHEN

FÜR 5 STÜCK • ZUBEREITUNGSZEIT: 15 MINUTEN VORBEREITUNG • 15 MINUTEN GRILLEN

ZUTATEN:

5 Brötchen
Olivenöl
400 g ganze Tomaten (aus der Dose)
2 Knoblauchzehen
1 EL Tomatenmark
1 TL getrockneter Oregano
Salz, Pfeffer
1 Prise Zucker
15 Mozzarella-Kugeln
Topping nach Belieben, z. B. Thunfisch, Salami, Schinken

1. Grill für 150 °C indirekte Hitze vorbereiten.
2. Brötchen halbieren und etwas Olivenöl auf die Schnittflächen träufeln. Mit den Schnittflächen nach unten auf den Grill legen und kurz anrösten.
3. Die Tomaten in eine Schüssel geben und mit einer Gabel zerdrücken. Knoblauch schälen und dazupressen. Tomatenmark und Oregano zufügen und alles gut verrühren. Mit Salz, Pfeffer und Zucker kräftig abschmecken.
4. 1–2 EL Tomatensoße auf jede Brötchenhälfte streichen.
5. Die Mozzarella-Kugeln halbieren und mit den Topping-Zutaten nach Wahl auf der Tomatensoße verteilen.
6. Die Brötchen im indirekten Bereich backen, bis der Mozzarella zerlaufen ist.

TIPP:

Zu den Brötchen passen gehackte Basilikumblätter sehr gut.

SHOTGUN SHELLS

FÜR 15 STÜCK • ZUBEREITUNGSZEIT: 30 MINUTEN VORBEREITUNG • 45 MINUTEN GRILLEN

ZUTATEN:

450 g Rinderhackfleisch
3 EL Magic Dust Rub (siehe Seite 130)
100 g geriebener Cheddar
15 Cannelloni
30 Scheiben Bacon
3 EL BBQ-Soße (siehe Seite 133)

1. Den Grill für 180 °C indirekte Hitze vorbereiten.
2. Das Hackfleisch in einer Schüssel mit dem Rub und dem Cheddar vermischen und gut durchkneten.
3. Die Hackfleischmasse gleichmäßig in die Cannelloni füllen und jede Cannelloni mit 2 Scheiben Bacon umwickeln.
4. Die gefüllten Cannelloni im indirekten Bereich 45 Minuten grillen, nach der Hälfte der Zeit wenden. Dabei 10 Minuten vor Ende der Grillzeit mit BBQ-Soße einpinseln.

BRATWURST-BRÖTCHEN MAL ANDERS

FÜR 4 STÜCK • ZUBEREITUNGSZEIT: 10 MINUTEN VORBEREITUNG • 15 MINUTEN GRILLEN

ZUTATEN:

4 Aufbackbrötchen
4 grobe Bratwürste
4 EL BBQ-Soße (siehe Seite 133)
Jalapeños (optional)

1. Den Grill für 160 °C indirekte Hitze vorbereiten.
2. Die Brötchen halbieren.
3. Die groben Bratwürste von der Pelle befreien und auf jeder Brötchenhälfte je eine halbe Wurst fest verstreichen.
4. Die Brötchen mit der Bratwurstseite auf direkter mittlerer Hitze nach unten auf den Grill legen und 10 Minuten braten. Dann umdrehen und die Oberseite mit der BBQ-Soße einpinseln. Weitere 5 Minuten im indirekten Bereich grillen.
5. Wer es schärfer mag, kann vor dem Verzehr die Brötchen mit ein paar Jalapeño-Ringen garnieren.

BRUSCHETTA

FÜR 10 STÜCK • ZUBEREITUNGSZEIT: 10 MINUTEN VORBEREITUNG • 65 MINUTEN GRILLEN

ZUTATEN:

10 Knoblauchzehen
20 Cherrytomaten
1 Zweig Thymian
1 Zweig Rosmarin
1 Baguette
1 Burrata
200 ml Olivenöl

Zubehör:
feuerfeste Form

1. Den Grill für 160 °C indirekte Hitze vorbereiten.
2. Knoblauch schälen, Tomaten und Kräuter waschen. Alles in eine feuerfeste Form legen. So viel Olivenöl darübergeben, dass der Knoblauch bedeckt ist. Form auf den Grill stellen und Gemüse 60 Minuten bei indirekter Hitze weich grillen.
3. Das Baguette in 10 Scheiben schneiden und diese mit etwas Öl aus der Form vom Grill bestreichen. Die Brotscheiben kurz anrösten.
4. Aus dem Öl 1 Knoblauchzehe nehmen und auf der Baguettescheibe verstreichen. Etwas von der Burrata abzupfen und auf das Baguette legen. Darauf dann 2 Kirschtomaten setzen. Vorgang für alle Brotscheiben wiederholen.

TIPP:
Das Öl durch einen Filter gießen und in einer verschließbaren Flasche aufbewahren – so hast du ein würziges Knoblauch-ÖL für weitere Gerichte.

NACHO-PFANNE

FÜR 4 PERSONEN • ZUBEREITUNGSZEIT: 10 MINUTEN VORBEREITUNG • 20 MINUTEN GRILLEN

ZUTATEN:

500 g Hackfleisch
Salz, Pfeffer
geräuchertes Paprikapulver
4 EL Butter
4 EL Mehl
500 ml Milch
100 g geriebener Cheddar
½ Gurke
2 Tomaten
1 Tüte Nachos

Zubehör:
gusseiserne Pfannen

1. Den Grill für 180 °C indirekte Hitze vorbereiten.
2. Das Hackfleisch in eine Pfanne geben, mit Salz, Pfeffer und etwas Paprikapulver würzen. Pfanne auf den Grill stellen und Hackfleisch krümelig anbraten.
3. In einer zweiten Pfanne die Butter zerlaufen lassen und das Mehl mit einem Schneebesen einrühren. Die Milch unter Rühren zugießen. Den geriebenen Cheddar untermischen und die Béchamelsoße mit Salz, Pfeffer und Paprikapulver abschmecken.
4. Gurke und Tomaten putzen, waschen und klein würfeln. In eine Schüssel geben und mit Salz und Pfeffer würzen.
5. Nachos auf eine feuerfeste Platte oder in eine Pfanne geben. Darauf dann die Käsesoße, Hackfleisch, Tomaten und Gurken verteilen. Das Ganze noch mal kurz im indirekten Bereich erwärmen.

TIPP:

Wer es schärfer mag, kann die Nachos vor dem Verzehr auch mit Jalapeño-Ringen garnieren.

LAUGEN-KÄSE-STANGEN

FÜR 4 STÜCK • ZUBEREITUNGSZEIT: 5 MINUTEN VORBEREITUNG • 15 MINUTEN GRILLEN

ZUTATEN:

4 Laugenstangen
4 Scheiben Bergkäse
1 Handvoll Petersilienblätter
4 EL Röstzwiebeln

1. Den Grill für 160 °C indirekte Hitze vorbereiten.
2. Die Laugenstangen in gleichmäßigen Abständen einschneiden.
3. Den Käse in kleine Stücke schneiden und diese in die Schlitze in den Laugenstangen stecken. Die Stangen im indirekten Bereich des Grills backen, bis der Käse zerlaufen ist.
4. In der Zwischenzeit die Petersilie waschen, trocken schütteln und hacken.
5. Laugenstangen zum Servieren mit Röstzwiebeln und Petersilie bestreuen.

FETA-STICKS

FÜR 8 STÜCK • ZUBEREITUNGSZEIT: 5 MINUTEN VORBEREITUNG • 15 MINUTEN GRILLEN

ZUTATEN:

200 g Feta
½ TL getrockneter Thymian
Pfeffer
8 Scheiben Bacon
Honig (optional)

1. Den Grill für 180 °C indirekte Hitze vorbereiten.
2. Den Feta in 8 gleich große Sticks schneiden. Sticks mit Thymian bestreuen und anschließend leicht pfeffern.
3. Jeden Stick mit 1 Scheibe Bacon umwickeln, sodass kein Feta mehr zu sehen ist.
4. Die Sticks 15 Minuten indirekt grillen. Dann auf einer Platte anrichten und optional mit etwas Honig beträufeln – die Süße passt perfekt zum Bacon.

BRATWURST-BONBONS

FÜR 25–30 STÜCK • ZUBEREITUNGSZEIT: 10 MINUTEN VORBEREITUNG • 15 MINUTEN GRILLEN

ZUTATEN:

- 1 Packung Blätterteig (aus der Kühltheke)
- 5 grobe Bratwürste
- 5 EL BBQ-Soße (siehe Seite 133)

1. Den Grill für 200 °C indirekte Hitze vorbereiten.
2. Den Blätterteig ausrollen und in 5 breite Streifen schneiden.
3. Die Pelle von den Bratwürsten abziehen und auf jeden Blätterteigstreifen 1 Bratwurst legen. Würste in den Blätterteig einrollen.
4. Die gefüllten Blätterteigrollen in 3–4 cm breite Stücke schneiden und diese im indirekten Bereich 10 Minuten grillen. Mit der BBQ-Soße bestreichen und weitere 5 Minuten grillen.

CORRUPTE NO HAS.
HIS CU,
By Scaevola loboris sed

RIND, SCHWEIN, GEFLÜGEL, FISCH

STEAK »CAVEMAN STYLE«

FÜR 1 PERSON • ZUBEREITUNGSZEIT: 15 MINUTEN VORBEREITUNG • 10 MINUTEN GRILLEN + RUHEZEIT

ZUTATEN:

1 Rib-Eye-Steak (ca. 5 cm dick)
3 Paprikaschoten
3 Gemüsezwiebeln
Salz, Steakpfeffer

Zubehör:
Holzkohle
Anzündkamin

1. Die Holzkohle in einem Anzündkamin auf dem Grill durchglühen. Die Kohle auf der Feuerstelle gleichmäßig verteilen, sodass die Fläche der Holzkohle mindestens doppelt so groß ist wie das Fleisch. Kurz bevor das Fleisch auf die Kohle kommt, weiße Ascheschicht auf der Kohle wegpusten oder wegwedeln.
2. Steak direkt auf die Kohle legen und ca. 5 Minuten grillen. Danach mit einer Zange wenden und auf die noch unbenutzte Holzkohlenfläche legen. Anhaftende Kohle auf der Oberfläche mit der Zange entfernen und Steak weitere 5 Minuten grillen.
3. Inzwischen Paprikaschoten und Zwiebeln waschen bzw. schälen. Nach den 5 Minuten die Paprikaschoten und Zwiebeln im Ganzen in die Kohle legen und das Steak daraufsetzen, sodass es bei indirekter Hitze zur gewünschten Kerntemperatur ziehen kann. Wenn diese erreicht ist, das Steak herunternehmen und mit Salz und Pfeffer würzen.

WICHTIG:

Hier nur naturbelassene Holzkohle verwenden. Chemisch behandelte Kohle kann die Stoffe ans Fleisch abgeben und zu gesundheitlichen Problemen führen.

FRÜHSTÜCKS-PIZZA

FÜR 4 PERSONEN • ZUBEREITUNGSZEIT: 15 MINUTEN VORBEREITUNG • 15 MINUTEN BACKEN

ZUTATEN:

2 grobe Bratwürste
1 Paprikaschote
1 Zwiebel
3 EL BBQ-Soße (siehe Seite 133)
1 Packung Pizzateig (aus der Kühltheke)
etwas Öl
150 g geriebener Mozzarella
4 Eier

Zubehör:
gusseiserne Pfanne

1. Den Grill für 250 °C indirekte Hitze vorbereiten.
2. Eine gusseiserne Pfanne auf dem Grill erhitzen. Von den groben Bratwürsten die Pelle entfernen und das Brät zerstückelt in die heiße Pfanne geben.
3. Die Paprikaschote waschen, putzen, die Zwiebel schälen und beides in Streifen schneiden. Dann zur Bratwurst in die Pfanne geben und alles gut anrösten.
4. Die BBQ-Soße zufügen und durchrühren. Pfanne vom Grill nehmen.
5. Den Pizzateig ausrollen und auf der Oberseite mit etwas Öl bestreichen. Den Teig mit der eingeölten Seite 2 Minuten auf direkter Hitze angrillen. Währenddessen die Oberseite mit Öl bestreichen. Teig umdrehen und auf der angegrillten Seite erst Mozzarella und danach die Bratwurst-Zwiebel-Paprika-Mischung verteilen. Die Pizza nun in den indirekten Bereich schieben.
6. Die 4 Eier nacheinander aufschlagen und jeweils vorsichtig auf ein Viertel der Pizza laufen lassen. Die Pizza weiterbacken, bis die Eier gestockt sind.

GARNELENSPIESSE

FÜR 4 SPIESSE • ZUBEREITUNGSZEIT: 10 MINUTEN VORBEREITUNG • 30 MINUTEN MARINIEREN • 10 MINUTEN GRILLEN

ZUTATEN:

2 Knoblauchzehen
5 EL Olivenöl
1 TL Salz
½ TL Chiliflocken
¼ TL Pfeffer
16 Garnelen
4 Zitronengrasstängel

1. Knoblauchzehen schälen und in eine Schüssel pressen. Mit dem Öl, Salz, Chiliflocken und Pfeffer verrühren.
2. Garnelen in einen Gefrierbeutel füllen, die Marinade darübergießen und alles gut vermischen. Garnelen mindestens 30 Minuten marinieren.
3. Währenddessen den Grill für 200 °C direkte Hitze vorbereiten.
4. Die Zitronengrasstängel am Ende mit einem Messer anspitzen und auf jeden Stängel 4 Garnelen aufspießen.
5. Spieße auf direkter Hitze von jeder Seite 3–5 Minuten scharf angrillen.

TIPP:

Bei den Garnelen solltest du darauf achten, dass du den Darm vorher entfernst oder direkt Ready-to-Eat-Garnelen kaufst.

ROADKILL CHICKEN

FÜR 2 PERSONEN • ZUBEREITUNGSZEIT: 15 MINUTEN VORBEREITUNG • 90 MINUTEN GRILLEN

ZUTATEN:

1 ganzes Hähnchen
Chicken Rub (siehe Seite 134)

1. Den Grill für 190 °C indirekte Hitze vorbereiten.
2. Zuerst die Wirbelsäule des Hähnchens entfernen. Dazu mit einer Geflügelschere links und rechts der Wirbelsäule entlangschneiden und diese dann herausnehmen. Das Hähnchen umdrehen und mit etwas Druck auf den Brustkorb platt drücken.
3. Hähnchen großzügig mit dem Rub einreiben und bei indirekter Hitze ca. 90 Minuten grillen. Die Kerntemperatur sollte zum Schluss bei ca. 80 °C liegen.

ONION BURGER

FÜR 1 STÜCK • ZUBEREITUNGSZEIT: 10 MINUTEN VORBEREITUNG • 5 MINUTEN GRILLEN

ZUTATEN:

1 Burger-Bun
½ weiße Zwiebel
200 g Rinderhackfleisch
Salz, Pfeffer
2 EL Mayonnaise

Zubehör:
Plancha

1. Die Plancha oder eine Grillplatte auf den Grill legen und für 200 °C direkte Hitze vorbereiten.
2. Burger-Bun aufschneiden, mit den Schnittflächen auf den Grill legen und kurz anrösten.
3. Zwiebel schälen und in dünne Ringe schneiden.
4. Hackfleisch mit Salz und Pfeffer würzen und 2 gleich große Kugeln daraus formen. Hackfleisch auf die heiße Platte / Plancha geben, leicht andrücken und jeweils die Hälfte der Zwiebelringe obenauf legen. Das Hackfleisch mit einem Spatel platt drücken. Nach ca. 2 Minuten wenden und die Seite mit den Zwiebeln angrillen.
5. Den Bun auf den Schnittflächen mit Mayonnaise bestreichen, die beiden Pattys auf die untere Hälfte legen und den Deckel aufsetzen.

TIPP:

Beim Plattdrücken des Hackfleischs kann es passieren, dass der Patty an der Spachtel kleben bleibt. Abhilfe schafft hier ein Stück Backpapier zwischen Hackfleisch und Spatel.

ROULADEN-PINWHEELS

FÜR 4 PERSONEN • ZUBEREITUNGSZEIT: 15 MINUTEN ZUBEREITUNG • 10 MINUTEN GRILLEN

ZUTATEN:

4 Rouladen
Salz, Pfeffer
4 TL Dijon-Senf
4 Handvoll Spinat
4 Scheiben Schinken
8 EL geriebener Parmesan

Zubehör:
Zahnstocher

1. Den Grill für 200 °C direkte Hitze vorbereiten.
2. Die Rouladen salzen und pfeffern, dann dünn mit Senf bestreichen.
3. Spinat verlesen, waschen und trocken schütteln. Auf jede Roulade zuerst 1 Scheibe Schinken, dann 1 Handvoll Spinat legen. Abschließend jeweils mit 2 EL Parmesan bestreuen.
4. Die Rouladen von der langen Seite her aufrollen und alle 3–4 cm einen Zahnstocher durch die Rolle stechen. Mit einem scharfen Messer die Rouladen zwischen den Zahnstochern durchschneiden.
5. Die einzelnen Rouladenscheiben auf direkter Hitze 3–4 Minuten von jeder Seite scharf anbraten.

KUMPIR

FÜR 2 STÜCK • ZUBEREITUNGSZEIT: 5 MINUTEN VORBEREITUNG • 60 MINUTEN GRILLEN

ZUTATEN:

2 große mehligkochende Kartoffeln

2 EL Butter

2 EL geriebener Käse nach Wahl

Salz

Topping nach Belieben, z. B. Sour Cream, Speckwürfel, Frühlingszwiebelringe

Zubehör:

Alufolie

1. Grill auf 180 °C indirekte Hitze vorbereiten.
2. Kartoffeln waschen, abtrocknen und mit einer Gabel mehrmals rundherum einstechen. Die Kartoffeln einzeln in Alufolie einwickeln und 60 Minuten auf dem Grill garen.
3. Kartoffeln vom Grill nehmen und vorsichtig die Alufolie entfernen. Die Kartoffeln längs aufschneiden und an der Öffnung etwas auseinanderdrücken. Mit einer Gabel das Innere der Kartoffeln auflockern und jeweils 1 EL Butter, 1 EL Käse und etwas Salz hineingeben. Wenn Butter und Käse verlaufen, mit der Gabel das Innere zu einer Art Kartoffelbrei verrühren.
4. Kartoffeln mit dem gewünschten Topping servieren.

ASIATISCH MARINIERTES FLANKSTEAK

FÜR 2 PERSONEN • ZUBEREITUNGSZEIT: 10 MINUTEN VORBEREITUNG • MINDESTENS 30 MINUTEN MARINIEREN • 10 MINUTEN GRILLEN

ZUTATEN:

- 1 Knoblauchzehe
- 80 ml Sojasoße
- 1 TL frisch geriebener Ingwer
- ½ TL Pfeffer
- 1 EL brauner Zucker
- 1 EL Rapsöl
- 1 Flanksteak (ca. 500 g)

1. Die Knoblauchzehe schälen, pressen und in einer Schüssel mit den restlichen Zutaten außer dem Steak verrühren. Marinade in einen Behälter / Gefrierbeutel schütten und das Flanksteak dazugeben. Mindestens 30 Minuten marinieren.
2. Währenddessen den Grill für 200 °C direkte Hitze vorbereiten.
3. Flanksteak aus der Marinade holen, mit Küchenpapier etwas abtupfen und von jeder Seite 3–4 Minuten auf direkter Hitze braten. Die Kerntemperatur sollte bei 50–58 °C liegen.

BEST BURGERS
PICTURES
FOOD ON INSTAGRAM
MAKES YOU EAT MORE

BLT-SANDWICH

FÜR 2 STÜCK • ZUBEREITUNGSZEIT: 5 MINUTEN VORBEREITUNG • 10 MINUTEN GRILLEN

ZUTATEN:

4 Weißbrotscheiben
etwas Butter
10 Scheiben Bacon
4 EL Mayonnaise
1 EL Senf
4 Salatblätter
2 Tomaten

1. Den Grill für 180 °C direkte Hitze vorbereiten.
2. Die Weißbrotscheiben mit Butter bestreichen und auf dem Grill anrösten. Den Bacon auf dem Grill knusprig braten.
3. Währenddessen die Mayonnaise in einer Schüssel mit dem Senf verrühren.
4. Salatblätter waschen und trocken schütteln. Tomaten waschen und in Scheiben schneiden.
5. Die Brotscheiben mit der Senf-Mayonnaise bestreichen und mit dem Salat, Tomatenscheiben und den gebratenen Baconscheiben belegen. Jeweils eine zweite Brotscheibe als Deckel auflegen.

»3-2-1«-RIBS

FÜR 4 PERSONEN • ZUBEREITUNGSZEIT: ÜBER NACHT MARINIEREN • 6 STUNDEN GRILLEN

ZUTATEN:

4 Stränge Spareribs
Magic Dust Rub (ca. 50 g pro Strang; siehe Seite 130)
300 ml Apfelsaft
50 ml Apfelessig
200 ml BBQ-Soße (siehe Seite 133)

Zubehör:
Sprühflasche
Butcher Paper

1. Am Vorabend die Silberhaut von den Ribs entfernen und Ribs von beiden Seiten großzügig mit Magic Dust Rub einreiben. In einen Behälter legen und über Nacht im Kühlschrank ziehen lassen.
2. Am Grilltag den Grill für 110 °C indirekte Hitze vorbereiten.
3. Die Ribs in den indirekten Bereich legen und für 180 Minuten grillen.
4. Währenddessen den Apfelsaft in einer Schüssel mit dem Essig mischen und in eine Sprühflasche füllen. Nach 90 bzw. 150 Minuten die Ribs mit der Apfelsaft-Essig-Mischung besprühen.
5. Nach 3 Stunden die Ribs vom Grill holen, jeden Strang mit etwas Apfelsaft-Essig-Mischung beträufeln und in Butcher Paper einwickeln. Die Ribs zurück auf den Grill legen und weitere 2 Stunden dämpfen.
6. Danach die Ribs aus dem Papier holen, mit BBQ-Soße einpinseln und noch 1 Stunde auf dem Grill fertig garen.

PASTA

FRUCHTIGE HÄHNCHENSPIESSE

FÜR 4 SPIESSE • ZUBEREITUNGSZEIT: 10 MINUTEN VORBEREITUNG • 10 MINUTEN GRILLEN

ZUTATEN:

500 g Hähnchenbrustfilet
Salz, Pfeffer
edelsüßes Paprikapulver
2 EL Öl
½ Mango
½ Ananas

Zubehör:
4 Spieße

1. Den Grill für 200 °C direkte Hitze vorbereiten.
2. Das Hähnchenfleisch in mundgerechte Stücke schneiden, in einer Schüssel mit Salz, Pfeffer, Paprikapulver und Öl vermischen.
3. Mango und Ananas schälen und das Fruchtfleisch ebenfalls in mundgerechte Stücke schneiden.
4. Auf die Spieße nun abwechselnd Hähnchenfleisch und Mango oder Ananas aufspießen.
5. Die Spieße auf dem Grill 10 Minuten über direkter Hitze rösten, dabei mehrmals wenden.

RUMPSTEAK MIT CHIMICHURRI

FÜR 4 PERSONEN • ZUBEREITUNGSZEIT: 15 MINUTEN VORBEREITUNG • 10 MINUTEN GRILLEN

ZUTATEN:

Für das Chimichurri:
2 Bund glatte Petersilie
2–3 Knoblauchzehen
Chiliflocken oder frische Chili nach Belieben
1 TL grobes Salz
½ TL Pfefferkörner
je 1 TL getrockneter Thymian und Oregano
100 ml Olivenöl
2 Schalotten
1 Bio-Limette
1 Lorbeerblatt

Für die Steaks:
4 Rumpsteaks
Salz

Zubehör:
Einmachglas

1. Den Grill für 200 °C direkte Hitze vorbereiten.
2. Petersilie waschen, trocken schütteln und hacken. Knoblauch schälen und würfeln. Wenn eine frische Chili verwendet wird, Chili waschen und klein schneiden.
3. Petersilie, Knoblauch, Salz, Pfeffer, Chili, Thymian und Oregano in einen Mörser geben und zerstampfen.
4. Nach und nach das Olivenöl einfließen lassen, bis eine sämige Paste entsteht.
5. Die Schalotten schälen, würfeln und erst gegen Ende in den Mörser geben.
6. Limette waschen, abtrocknen, die Schale abreiben und die Frucht auspressen. Chimichurri mit Limettenabrieb und -saft abschmecken. Dann in ein Einmachglas umfüllen und das Lorbeerblatt dazugeben.
7. Die Rumpsteaks von beiden Seiten salzen und über direkter Hitze scharf anbraten. Dann in den indirekten Bereich legen und bis zur gewünschten Kerntemperatur gar ziehen lassen.
8. Rumpsteaks vom Grill nehmen, noch etwas ruhen lassen und mit dem Chimichurri servieren.

ROSTBRATWURST-BURGER

FÜR 4 STÜCK • ZUBEREITUNGSZEIT: 5 MINUTEN VORBEREITUNG • 10 MINUTEN GRILLEN

ZUTATEN:

4 Laugenbrötchen
etwas Butter
4 EL fertiges Sauerkraut
12 Rostbratwürstchen
4 EL Mayonnaise
1 EL Senf
4 EL Röstzwiebeln

1. Den Grill für 200 °C direkte Hitze vorbereiten.
2. Die Laugenbrötchen halbieren und die Schnittflächen mit etwas Butter bestreichen. Brötchen auf dem Grill anrösten.
3. Das Sauerkraut in einem Topf auf den Grill stellen und erwärmen. Rostbratwürstchen auf dem Grill rundum braun braten.
4. Die Mayonnaise in einer Schüssel mit dem Senf verrühren.
5. Auf die Unterseiten der Laugenbrötchen jeweils 1 EL Sauerkraut verteilen, dann je 3 Rostbratwürstchen darauflegen. Etwas von der Senf-Mayonnaise drauflöffeln und ein paar Röstzwiebeln darüberstreuen. Die Oberseiten der Laugenbrötchen als Deckel auflegen.

SCHWEINELENDE IM SPECKMANTEL

FÜR 2-3 PERSONEN • ZUBEREITUNGSZEIT: 10 MINUTEN VORBEREITUNG • 35 MINUTEN GRILLEN

ZUTATEN:

12 Scheiben Bacon
1 Schweinelende (ca. 600 g)
2 TL Dijon-Senf
Salz, Pfeffer
6 EL BBQ-Soße (siehe Seite 133)

1. Den Grill für 180 °C direkte Hitze vorbereiten.
2. Die Baconscheiben mit der langen Seite etwas überlappend übereinanderlegen. Die Schweinelende auf das untere Drittel setzen und dünn mit dem Senf einstreichen. Anschließend mit Salz und Pfeffer würzen. Schweinelende fest in den Speck einrollen.
3. Ummanteltes Fleisch auf dem Grill von allen Seiten scharf anbraten und dann im indirekten Bereich bei 180 °C in ca. 30 Minuten gar ziehen lassen. Ca. 10 Minuten vor Ende der Grillzeit rundum mit BBQ-Soße einpinseln.

KÖFTE-SPIESSE

FÜR 4 SPIESSE • ZUBEREITUNGSZEIT: 10 MINUTEN VORBEREITUNG • 15 MINUTEN GRILLEN

ZUTATEN:

½ Zwiebel
2 Knoblauchzehen
500 g Rinderhackfleisch
½ TL rosenscharfes Paprikapulver
½ TL gemahlener Kreuzkümmel
1 TL Salz
1 TL Pfeffer
1 Prise Cayennepfeffer

Zubehör:
4 Metall- oder Holzspieße

1. Den Grill für 200 °C direkte Hitze vorbereiten.
2. Zwiebel und Knoblauch schälen und klein würfeln bzw. hacken.
3. Das Hackfleisch in eine Schüssel geben, mit Zwiebeln, Knoblauch und den Gewürzen gut vermischen. Dann in 4 Portionen aufteilen und diese fest um die Spieße drücken.
4. Die Spieße auf direkter Hitze rundherum knusprig braten.

POLLO-FINO-BURGER

FÜR 2 STÜCK • ZUBEREITUNGSZEIT: 10 MINUTEN VORBEREITUNG • 15 MINUTEN GRILLEN

ZUTATEN:

Für die Burger:

2 Pollo Fino (ausgelöste Hähnchenkeulen)
4 EL Olivenöl
Salz, Pfeffer
1 TL geräuchertes Paprikapulver
2 Burger-Buns
etwas Butter
einige Salatblätter
1 Tomate

Für den Dip:

4 EL Crème fraîche
1 TL Currypulver
1 TL Honig
1 Prise Salz

1. Den Grill für 200 °C direkte Hitze vorbereiten.
2. Falls kein fertiges Pollo Fino zu bekommen ist, einfach 2 Hähnchenkeulen verwenden. Dann jeweils an der Innenseite des Knochens entlangschneiden und so den Knochen auslösen.
3. Das Olivenöl in einer Schüssel mit Salz, Pfeffer und geräuchertem Paprikapulver vermischen und das Pollo Fino damit einstreichen.
4. Burger-Buns halbieren, die Schnittflächen mit Butter bestreichen und kurz auf dem Grill rösten.
5. Das Pollo Fino zuerst mit der Hautseite auf den Grill legen, insgesamt etwa 15 Minuten im direkten Bereich grillen, dabei ab und zu wenden. Die Hautseite sollte schön knusprig werden.
6. Die Zutaten für den Dip in einer Schüssel verrühren.
7. Salat waschen und trocken schütteln. Tomate waschen und in Scheiben schneiden.
8. Die Unterseiten der Buns mit etwas Curry-Honig-Dip bestreichen. Darauf dann jeweils einige Salatblätter, Tomatenscheiben und das knusprige Pollo Fino geben. Die Oberseiten der Buns als Deckel aufsetzen.

BIER-BRATWURST MIT ZWIEBELN

FÜR 4 PERSONEN • ZUBEREITUNGSZEIT: 5 MINUTEN VORBEREITUNG • 30 MINUTEN GRILLEN

ZUTATEN:

2 Gemüsezwiebeln
Öl zum Braten
Salz, Pfeffer
2 EL brauner Zucker
100 ml helles Bier
4 Bratwürste
4 Brötchen

Zubehör:
gusseiserne Pfanne

1. Den Grill für 160 °C direkte Hitze vorbereiten.
2. Zwiebeln schälen und in Ringe schneiden.
3. Eine gusseiserne Pfanne mit etwas Öl auf dem Grill erhitzen. Die Zwiebeln hineingeben, mit etwas Salz und Pfeffer würzen und glasig dünsten. Dann den Zucker einstreuen und karamellisieren lassen. Die Zwiebeln mit dem Bier ablöschen und 15 Minuten weiterköcheln lassen.
4. Währenddessen die Bratwürste auf dem Grill von beiden Seiten scharf anbraten. Dann zu den Zwiebeln geben und Würste bei indirekter Hitze in 15 Minuten gar ziehen lassen.
5. Brötchen aufschneiden und die Würste mit den geschmorten Zwiebeln hineingeben.

CHICKEN DRUMSTICKS

FÜR 10 STÜCK • ZUBEREITUNGSZEIT: 15 MINUTEN VORBEREITUNG • 60 MINUTEN GRILLEN

ZUTATEN:

10 Hähnchenunterkeulen
5 EL Rub nach Wahl
5 EL BBQ-Soße (siehe Seite 133)

1. Den Grill für 180 °C indirekte Hitze vorbereiten.
2. Die Hähnchenunterkeulen am schmalen Ende nahe dem Gelenk mit einem scharfen Messer rundherum einschneiden. Das Fleisch und die Haut zu dem dickeren Ende schieben, sodass die Form eines Lollis entsteht. Haut und Sehnen am unteren dünnen Ende entfernen.
3. Die Hähnchenkeulen mit dem Rub einreiben und in den indirekten Bereich des Grills legen. Alle 20 Minuten mit BBQ-Soße einstreichen. Nach 60 Minuten die Kerntemperatur prüfen: Wenn diese bei knapp 80 °C liegt, sind die Drumsticks fertig.

SEETEUFEL

FÜR 2 PERSONEN • ZUBEREITUNGSZEIT: 10 MINUTEN VORBEREITUNG • 10 MINUTEN GRILLEN

ZUTATEN:

2 Seeteufelfilets (à 150 g)
Saft von ½ Zitrone
Salz, Pfeffer
2 Salbeiblätter
4 Scheiben Pancetta

1. Den Grill für 160 °C direkte Hitze vorbereiten.
2. Die Seeteufelfilets waschen und mit Küchenpapier trocken tupfen. Anschließend mit etwas Zitronensaft beträufeln und leicht salzen und pfeffern.
3. Auf jedes Filet 1 Salbeiblatt legen. Dann die Filets jeweils mit 2 Scheiben Pancetta umwickeln.
4. Die Filets auf direkter Hitze in ca. 2 Minuten von beiden Seiten anbraten, dann in den indirekten Bereich setzen und gar ziehen lassen. Der Fisch ist bei einer Kerntemperatur von 55–60 °C fertig.

GEFÜLLTE BUNS

FÜR 4 STÜCK • ZUBEREITUNGSZEIT: 20 MINUTEN VORBEREITUNG • 15 MINUTEN GRILLEN

ZUTATEN:

500 g Rinderhackfleisch
½ TL Chilipulver
Salz, Pfeffer
1 Zwiebel
¼ Kohlkopf
5 EL BBQ-Soße (siehe Seite 133)
1 Packung Pizzateig (aus dem Kühlregal)
4 Scheiben Cheddar

Zubehör:
gusseiserne Pfanne

1. Grill für 180 °C indirekte Hitze vorbereiten.
2. Das Hackfleisch in einer gusseisernen Pfanne auf dem Grill scharf anbraten und mit Chili, Salz und Pfeffer würzen.
3. Zwiebel schälen und würfeln. Kohl waschen und in Streifen schneiden. Beides zum Hackfleisch geben und mitgaren. Zum Schluss die BBQ-Soße zufügen und alles gut durchrühren.
4. Den Pizzateig ausrollen und in 4 gleich große Rechtecke zerteilen. Auf jedes Teigstück mittig 1 Scheibe Cheddar legen und die Hackfleischmasse gleichmäßig darauf verteilen. Die Ränder des Teigs zusammenschlagen, sodass 4 Kugeln entstehen. Darauf achten, dass sie komplett verschlossen sind.
5. Die gefüllten Teiglinge in den indirekten Bereich auf den Grill legen und in 15 Minuten rundum goldbraun backen.

JUICY-LUCY-BURGER

FÜR 2 STÜCK • ZUBEREITUNGSZEIT: 10 MINUTEN VORBEREITUNG • 15 MINUTEN GRILLEN

ZUTATEN:

500 g Rinderhackfleisch
4 Scheiben Cheddar
Salz, Pfeffer
2 Burger-Buns
etwas Butter
2 EL Mayonnaise
4 Gewürzgurkenscheiben

1. Den Grill für 200 °C direkte Hitze vorbereiten.
2. Aus dem Hackfleisch 4 Kugeln formen und diese etwas flach drücken. Auf 2 Pattys je 2 Scheiben Käse legen (dabei sollte ein Rand frei bleiben) und die restlichen Pattys als Deckel daraufsetzen. Die Ränder gut zudrücken, damit der Käse später nicht herauslaufen kann.
3. Pattys mit Salz und Pfeffer würzen und auf dem Grill auf direkter Hitze 6 Minuten grillen (dabei einmal wenden). Wenn auf beiden Seiten eine schöne Kruste entstanden ist, die Bratlinge in den indirekten Bereich legen und ca. 10 Minuten gar ziehen lassen.
4. Währenddessen die Buns aufschneiden, die Schnittflächen mit etwas Butter bestreichen und auf dem Grill leicht anrösten.
5. Jede Bun-Unterseite mit 1 EL Mayonnaise bestreichen. Jeweils 2 Gewürzgurkenscheiben und dann 1 Patty daraufgeben. Die Bun-Oberseiten als Deckel daraufsetzen.

SCHNELLES SCHINKEN-KÄSE-SANDWICH

FÜR 1 STÜCK • ZUBEREITUNGSZEIT: 5 MINUTEN VORBEREITUNG • 10 MINUTEN GRILLEN

ZUTATEN:

- 2 Brotscheiben
- 4 TL Mayonnaise
- 1 TL Dijon-Senf
- 2 Scheiben Serrano-Schinken
- 1 Scheibe Emmentaler

1. Den Grill für 180 °C direkte Hitze vorbereiten.
2. Jede Brotscheibe mit 2 TL Mayonnaise und ½ TL Dijon-Senf bestreichen. Jeweils 1 Scheibe Serrano-Schinken darauflegen.
3. 1 Brotscheibe mit Käse belegen und die zweite Brotscheibe mit dem Schinken nach unten daraufsetzen.
4. Sandwich auf dem Grill in 10 Minuten bei direkter Hitze von beiden Seiten goldbraun grillen.

BEER-CAN-BURGER

FÜR 1 STÜCK • ZUBEREITUNGSZEIT: 10 MINUTEN ZUBEREITUNG • 30 MINUTEN GRILLEN

ZUTATEN:

- 250 g Rinderhackfleisch
- Salz, Pfeffer
- 2 Scheiben Bacon
- 3 EL geriebener Käse nach Wahl
- 1 TL gehackte Jalapeños
- 1 TL eingelegte Paprikastreifen
- 1 Tomatenscheibe
- 1 Burger-Bun
- etwas Butter

Zubehör:
saubere Bierdose (für die Form)

1. Den Grill für 160 °C indirekte Hitze vorbereiten.
2. Das Hackfleisch in einer Schüssel gut mit Salz und Pfeffer würzen und durchkneten. Dann zu einer Kugel formen. Die Bierdose in die Hackfleischkugel setzen und das Hackfleisch seitlich an der Dose ca. 4 cm nach oben drücken.
3. Die Baconscheiben seitlich um das Hackfleisch wickeln. Die Dose vorsichtig herausziehen und die so entstandene Mulde mit 1 EL geriebenem Käse, den Jalapeños und den Paprikastreifen füllen. Den restlichen Käse darüberstreuen und die Tomatenscheibe darauflegen.
4. Das gefüllte Hackfleisch in der indirekten Zone auf dem Grill ca. 30 Minuten grillen.
5. Währenddessen den Bun aufschneiden, die Schnittflächen mit etwas Butter bestreichen und auf dem Grill leicht anrösten. Das Hackfleischpatty auf den Bun-Boden setzen und den Brötchendeckel drauflegen.

TIPP:

Natürlich kann jede andere Getränkdose oder Glas zum Formen genutzt werden. Damit sich die Dose oder das Glas leichter rausziehen lassen und nicht festklebt, den Behälter etwas einölen.

1914 AN
EU OFFI
SING

PULLED-LACHS-BAGELS

FÜR 2 STÜCK • ZUBEREITUNGSZEIT: 10 MINUTEN VORBEREITUNG • 15 MINUTEN GRILLEN

ZUTATEN:

Für den Lachs:
250 g Lachsfilet
Meersalz, grober Pfeffer
2 Bagels oder Burger-Buns
etwas Butter
2 Handvoll Rucola

Für den Dip:
4 EL Crème fraîche
1 ½ EL Honig
1 EL Senf
1 Prise Salz

Zubehör:
feuerfeste Form

1. Den Grill für 180 °C indirekte Hitze vorbereiten.
2. Lachs mit Salz und Pfeffer würzen, in eine feuerfeste Form legen und im indirekten Bereich 15 Minuten grillen.
3. Währenddessen die Zutaten für den Dip in einer Schüssel verrühren.
4. Bagels aufschneiden, Schnittflächen mit etwas Butter bestreichen und kurz auf dem Grill anrösten.
5. Den Rucola waschen und trocken schleudern.
6. Die Bagel-Unterseiten mit dem Dip bestreichen und mit Rucola belegen.
7. Den Lachs in der Form mit 2 Gabeln auseinanderzupfen und die Stückchen auf dem Rucola verteilen. Die Bagel-Oberseiten als Deckel aufsetzen.

TEXMEX-BURGER

FÜR 1 STÜCK • ZUBEREITUNGSZEIT: 15 MINUTEN VORBEREITUNG • 5–6 MINUTEN GRILLEN

ZUTATEN:

Für die Guacamole:
1 Avocado
2 Knoblauchzehen
½ rote Zwiebel
Salz, Pfeffer
½ TL Chiliflocken
Saft von ½ Limette

Für den Burger:
150 g Rinderhackfleisch
Salz
2 Scheiben Bacon
1 Scheibe Cheddar
1 Burger-Bun
etwas Butter
5–6 Nachos
1 Tomatenscheibe

1. Den Grill für 200 °C direkte Hitze vorbereiten.
2. Die Avocado halbieren, entkernen, das Fruchtfleisch mit einem Löffel auslösen und in eine Schüssel geben. Knoblauchzehen schälen und dazupressen.
3. Die rote Zwiebel schälen, würfeln und ebenfalls zu der Avocado hinzufügen. Salz, Pfeffer, Chiliflocken und den Saft der Limette in die Schüssel geben und alles mit einer Gabel zerdrücken und gut vermischen.
4. Aus dem Rinderhackfleisch 1 Patty formen und leicht salzen. Auf dem Grill auf direkter Hitze den Patty 3 Minuten von beiden Seiten grillen und die Baconscheiben knusprig braten.
5. Den Cheddar auf den Patty legen und bei geschlossenem Deckel verlaufen lassen.
6. Den Bun aufschneiden, die Schnittflächen mit etwas Butter bestreichen und auf dem Grill kurz anrösten.
7. Die Bun-Unterseite mit etwas Guacamole bestreichen, die Nachos und den Bacon darauflegen. Nun den Patty aufsetzen und mit der Tomatenscheibe toppen. Die Bun-Oberseite als Deckel aufsetzen.

TIPP:

Falls von der Guacamole noch etwas übrig ist, kannst du den Kern aufheben und in die Guacamole stecken. Das verhindert, dass diese die Farbe verliert und nicht mehr so schön aussieht.

SCHWEINESPIESSE

FÜR 4 SPIESSE • ZUBEREITUNGSZEIT: 15 MINUTEN VORBEREITUNG • 20 MINUTEN GRILLEN

ZUTATEN:

500 g Schweinenacken
2 EL Magic Dust Rub (siehe Seite 130)
8 Scheiben Bacon
20 Datteln

Zubehör:

4 Metall- oder Holzspieße

1. Den Grill für 200 °C direkte Hitze vorbereiten.
2. Den Schweinenacken in 20 grobe Würfel schneiden, in eine Schüssel geben, mit dem Rub würzen und gut vermischen.
3. Auf jeden Spieß das Ende von 1 Baconscheibe aufspießen. Es folgt 1 Dattel, dann wieder den Bacon aufspießen, danach 1 Stück Schweinefleisch und nun erneut Bacon. Der Bacon sollte das Fleisch und die Datteln jeweils von einer Seite umschließen. Vorgang wiederholen, bis 4 Spieße (mit je 5 Datteln und Fleischstücken und 2 Scheiben Bacon) fertig sind und alle Zutaten aufgebraucht sind.
4. Die Spieße auf direkter Hitze auf den Grill legen und in 20 Minuten rundherum knusprig braten.

CALIFORNIA HOT DOG

FÜR 4 STÜCK • ZUBEREITUNGSZEIT: 10 MINUTEN VORBEREITUNG • 10 MINUTEN GRILLEN

ZUTATEN:

4 Bratwürste
1 Fleischtomate
½ Gurke
½ EL Olivenöl
Salz
1 Schuss Weißweinessig
4 Hot-Dog-Buns
4 TL Senf
1 Avocado
2 EL Mayonnaise
4 EL Röstzwiebeln

1. Den Grill für 180 °C direkte Hitze vorbereiten.
2. Die Bratwürste auf dem Grill in 10 Minuten rundum braun braten.
3. In der Zwischenzeit die Tomate und die Gurke waschen und klein würfeln. In eine Schüssel geben und mit Olivenöl, Salz und Weißweinessig vermengen.
4. Hot-Dog-Buns auf-, aber nicht durchschneiden und die Innenseiten mit Senf bestreichen.
5. Avocado halbieren, entkernen, das Fruchtfleisch mit einem Löffel herausnehmen und in Scheiben schneiden. Avocadoscheiben links und rechts in die eingeschnittenen Buns legen und jeweils 1 Bratwurst in der Mitte platzieren.
6. Gurken-Tomaten-Mischung auf den Bratwürsten verteilen, etwas Mayonnaise daraufgeben und mit Röstzwiebeln bestreuen.

VEGETARISCHES

for street food at weddings
sit-down meal.

GEMÜSESPIESSE

FÜR 4 SPIESSE • ZUBEREITUNGSZEIT: 15 MINUTEN VORBEREITUNG • MINDESTENS 2 STUNDEN MARINIEREN • 15 MINUTEN GRILLEN

ZUTATEN:

Für die Marinade:

120 g Joghurt
1 Knoblauchzehe
1 TL gemahlene Kurkuma
1 TL Mehl
1 TL Garam Masala
1 TL Salz
½ TL gemahlener Kreuzkümmel
½ TL Chiliflocken
etwas Öl

Für die Spieße:

600 g gemischtes Gemüse, z. B. Pilze, Paprikaschoten, Zwiebeln, Kartoffeln

Zubehör:

4 Metall- oder Holzspieße

1. Für die Marinade den Joghurt in eine Schüssel geben. Die Knoblauchzehe schälen und dazupressen. Die restlichen Zutaten gut untermischen.
2. Das Gemüse putzen, waschen und in mundgerechte Stücke schneiden. Dann in die Marinade legen und mindestens 2 Stunden marinieren lassen.
3. Den Grill für 200 °C direkte Hitze vorbereiten.
4. Die Gemüsestücke abwechselnd auf Spieße stecken und auf direkter Hitze 15 Minuten grillen.

GEFÜLLTE CHAMPIGNONS

FÜR 5 STÜCK • ZUBEREITUNGSZEIT: 15 MINUTEN VORBEREITUNG • 20 MINUTEN GRILLEN

ZUTATEN:

5 große braune Champignons
1 Frühlingszwiebel
100 g Frischkäse
½ TL Piment d'Espelette
1 Schuss Worcestershire-soße
Salz, Pfeffer
5 EL geriebener Parmesan

1. Den Grill für 160 °C indirekte Hitze vorbereiten.
2. Champignons putzen, die Stiele herausbrechen und klein würfeln.
3. Die Frühlingszwiebel putzen, waschen und in dünne Ringe schneiden. Ein paar Ringe zum Garnieren beiseitelegen.
4. Frühlingszwiebel und Champignonstiele in einer Schüssel mit dem Frischkäse verrühren. Die Masse mit Piment d'Espelette, Worcestershiresoße, Salz und Pfeffer abschmecken.
5. Frischkäsemasse in die Pilzköpfe füllen und jeweils 1 EL Parmesan daraufstreuen.
6. Die Pilze ca. 20 Minuten grillen, danach mit den restlichen Frühlingszwiebelringen bestreuen.

ZUCCHINI-PÄCKCHEN

FÜR 8 STÜCK • ZUBEREITUNGSZEIT: 10 MINUTEN VORBEREITUNG • 10 MINUTEN GRILLEN

ZUTATEN:

1 Zucchini
Salz
4 EL Öl
1 Knoblauchzehe
½ TL getrocknete Kräuter nach Wahl
½ TL rosenscharfes Paprikapulver
1 Packung Halloumi

1. Den Grill für 200 °C direkte Hitze einstellen.
2. Zucchini putzen, waschen und mit dem Sparschäler in 16 Streifen schälen. Die Streifen auf einen Teller legen und mit etwas Salz bestreuen, damit diese entwässert werden.
3. Das Öl in eine Schüssel geben, die Knoblauchzehe schälen und dazupressen. Kräuter, Paprikapulver und etwas Salz untermischen.
4. Den Halloumi in 8 gleich große Rechtecke schneiden und mit der Öl-Kräuter-Mischung bestreichen.
5. Die Zucchinistreifen mit Küchenpapier abtupfen und jeweils 2 Streifen über Kreuz legen. Je 1 Halloumi-Stück in die Mitte setzen und die Zucchinistreifen so zusammenschlagen, dass Päckchen entstehen.
6. Päckchen auf direkter Hitze von jeder Seite ca. 5 Minuten grillen.

GEBACKENE AUBERGINEN

FÜR 2 STÜCK • ZUBEREITUNGSZEIT: 25 MINUTEN VORBEREITUNG • 45 MINUTEN GRILLEN

ZUTATEN:

1 Aubergine
Salz
etwas Öl
2 Eier

1. Den Grill für 200 °C direkte Hitze vorbereiten.
2. Aubergine putzen, waschen, halbieren und die Schnittflächen mit einem Messer rautenförmig einritzen. Mit Salz bestreuen und ca. 20 Minuten einziehen lassen, damit die Aubergine etwas entwässert. Danach die Schnittflächen mit einem Küchenpapier abtupfen.
3. Schnittflächen mit Öl bestreichen. Auberginen mit den Schnittflächen nach unten auf den Grill legen und 10 Minuten auf direkter Hitze angrillen.
4. Dann umdrehen, in den indirekten Bereich schieben und weitere 20 Minuten schmoren.
5. Anschließend mit einem Löffel jeweils eine Mulde in das weiche Fleisch der Auberginenhälften drücken und jeweils 1 Ei in die Mulde aufschlagen.
6. Grilldeckel schließen und Auberginen weitere 10–15 Minuten backen, bis die Eier stocken.

PILZ-SALAT

FÜR 2 PERSONEN • ZUBEREITUNGSZEIT: 10 MINUTEN VORBEREITUNG • 10 MINUTEN GRILLEN

ZUTATEN:

Für den Salat:
500 g Pilze nach Wahl
1 EL Öl
Salz
80 g schwarze Oliven (entsteint)
1 Chilischote
25 g Parmesan

Für das Dressing:
1 Knoblauchzehe
4 EL Olivenöl
2 EL Weißweinessig
1 TL getrockneter Oregano
1 TL getrockneter Thymian
1 TL geschroteter/ zerstoßener Pfeffer

1. Den Grill für 220 °C direkte Hitze vorbereiten.
2. Pilze säubern, in Scheiben schneiden und in einer Schüssel mit etwas Öl vermischen. Die Pilze auf direkter Hitze kurz und scharf anbraten, dann in eine Schüssel geben und salzen.
3. Den Knoblauch für das Dressing schälen und in eine Schüssel pressen. Die anderen Zutaten zugeben, gut verrühren und Dressing über die Pilze schütten.
4. Oliven hacken, Chili waschen, putzen, in Ringe schneiden und beides zu den Pilzen geben. Salat nochmals gut durchmischen. Vor dem Servieren noch Parmesan darüberhobeln.

TIPP:

Besonders gut eignen sich feste Pilze wie Kräuterseitlinge oder Steinpilze, die sich gut in Scheiben schneiden lassen.

BURGER MIT TOFU UND GEMÜSE

FÜR 2 STÜCK • ZUBEREITUNGSZEIT: 40 MINUTEN VORBEREITUNG • 10 MINUTEN GRILLEN

ZUTATEN:

Für das eingelegte Gemüse:
½ Gurke
2 Karotten
150 ml Wasser
150 ml Weißweinessig
½ EL Salz
1 EL Zucker
¼ EL Senfkörner
¼ EL Pfefferkörner

Für die Marinade:
1 haselnussgroßes Stück Ingwer
3 EL Sojasoße
2 EL Reisweinessig
1 EL Erdnussöl
Chiliflocken nach Belieben

Für den Burger:
200 g Tofu
2 Brötchen
4 EL Mayonnaise
½ EL Sriracha-Soße

Zubehör:
Einmachglas

1. Gurke waschen und in dünne Scheiben schneiden. Karotten waschen, putzen und in dünne Streifen schneiden.
2. In einem Topf das Wasser und den Essig erhitzen. Salz und Zucker dazugeben und unter Rühren auflösen.
3. Gurke, Möhren, Senfkörner und Pfefferkörner in ein sauberes Einmachglas füllen und den heißen Essigsud darübergießen. Das Glas verschließen und abkühlen lassen.
4. Für die Marinade den Ingwer schälen, reiben und in einer Schüssel mit den restlichen Zutaten verrühren.
5. Den Tofu zwischen Küchenpapier legen und mit einer schweren Pfanne beschweren, damit er etwas entwässert wird. Dann Tofu in die Marinade legen und mindestens 30 Minuten marinieren.
6. Den Grill für 200 °C direkte Hitze vorbereiten.
7. Den Tofu mit einem Küchenpapier trocken tupfen und auf direkter Hitze von beiden Seiten knusprig braten.
8. Brötchen aufschneiden. Mayonnaise in einer Schüssel mit der Sriracha-Soße verrühren und die Brötchenhälften damit bestreichen.
9. Den gebratenen Tofu halbieren, auf jede Brötchenunterseite 1 Tofustück legen und ein paar eingelegte Gurken und Möhren darauf verteilen. Die Brötchenoberseiten aufsetzen.

now rather than the traditional
sit-down meal.

BLUMENKOHL-STEAKS

FÜR 4 STÜCK • ZUBEREITUNGSZEIT: 10 MINUTEN VORBEREITUNG • 20 MINUTEN GRILLEN

ZUTATEN:

1 Blumenkohl
4 EL Öl
2 Knoblauchzehen
Salz, Pfeffer
Chiliflocken (optional)

1. Den Grill für 200 °C direkte Hitze vorbereiten.
2. Vom Blumenkohl die Blätter entfernen, den Kopf waschen und in 4 etwa 3–4 cm dicke Scheiben schneiden.
3. Das Öl in eine Schüssel geben. Den Knoblauch schälen, klein schneiden und mit Salz, Pfeffer und, wer es etwas schärfer mag, Chiliflocken unter das Öl mischen. Alles gut verrühren und die Blumenkohlscheiben damit einpinseln.
4. Den Blumenkohl von jeder Seite 2–3 Minuten über direkter Hitze grillen, sodass er schöne Röstaromen bekommt. Dann in den indirekten Bereich legen, bis die Blumenkohl-Steaks weich sind (10–15 Minuten, je nach Dicke).

TIPP:

Wer möchte, kann die Blumenkohlsteaks mit Chimchurri (siehe Seite 76) garnieren.

HASSELBACK-KARTOFFELN

FÜR 4 STÜCK • ZUBEREITUNGSZEIT: 15 MINUTEN VORBEREITUNG • 50 MINUTEN GRILLEN

ZUTATEN:

4 große mehligkochende Kartoffeln
80 g Butter
2 Knoblauchzehen
Salz
gehackte Petersilie nach Belieben

Zubehör:

gusseiserne Form oder Pfanne

1. Den Grill für 180 °C indirekte Hitze vorbereiten.
2. Die Kartoffeln waschen, abtrocknen und fächerförmig einschneiden. Dazu jede Kartoffel der Länge nach zwischen 2 Holzlöffel legen und mit einem Messer mehrfach so einschneiden, dass dünne Scheiben entstehen, die zusammenhängen (die Holzlöffel verhindern ein Durchschneiden).
3. Die Butter in einem Topf auf dem Grill schmelzen. Knoblauch schälen, dazupressen und Salz zufügen.
4. Die Kartoffeln in eine gusseiserne Form legen und großzügig mit der Marinade einpinseln. Form im indirekten Bereich auf den Grill setzen und Kartoffeln 50 Minuten backen, dabei alle 10–15 Minuten mit der Butter einpinseln.
5. Mit der gehackten Petersielie bestreuen und servieren.

GEGRILLTE CHAMPIGNONSPIESSE

FÜR 2-4 SPIESSE • ZUBEREITUNGSZEIT: 15 MINUTEN VORBEREITUNG • 10 MINUTEN GRILLEN

ZUTATEN:

Für den Dip:
2 Knoblauchzehen
4 EL griechischer Joghurt
2 EL Mayonnaise
Salz
1 Spritzer Zitronensaft

Für die Spieße:
400 g Champignons
1 Knoblauchzehe
1 EL ÖL
4 EL Sojasoße
Salz, Pfeffer
1 EL frisch gehackte Petersilie
Chiliflocken (optional)

Zubehör:
2–4 Metall- oder Holzspieße

1. Den Grill für 200 °C direkte Hitze vorbereiten.
2. Für den Dip die Knoblauchzehen schälen und in eine Schüssel pressen. Joghurt und Mayonnaise zugeben und gut verrühren. Mit Salz und Zitronensaft abschmecken und etwas ziehen lassen.
3. Die Pilze säubern, halbieren und auf Spieße stecken.
4. Den Knoblauch schälen, in eine Schüssel pressen und mit den restlichen Zutaten außer Petersilie und Chiliflocken vermischen. Pilzspieße großzügig mit der Marinade bestreichen.
5. Die Spieße auf dem Grill von einer Seite ca. 4 Minuten auf direkter Hitze grillen. Dann nochmals mit der Marinade bestreichen, wenden und die andere Seite weitere 4 Minuten grillen.
6. Spieße auf einen Teller legen und mit Petersilie bestreuen.

TIPP:

Wer es scharf mag, kann auch noch ein paar Chiliflocken darüberstreuen.

ORNATUS
EXPETENDI

RUBS UND SOSSEN

MAGIC DUST RUB

FÜR 588 G

ZUTATEN:

- 8 EL edelsüßes Paprikapulver
- 4 EL Salz
- 4 EL Zucker
- 2 TL Senfpulver
- 4 EL Chilipulver
- 2 EL gemahlener Kreuzkümmel
- 2 TL schwarzer Pfeffer
- 14 EL Knoblauchgranulat
- 2 TL Piment d'Espelette

Zubehör:

luftdicht verschließbares Gefäß

Alle Zutaten in einer Schüssel vermischen und Rub in einem luftdicht verschließbaren Gefäß aufbewahren.

DALMATINER RUB

FÜR 400 G

ZUTATEN:

- 8 EL Meersalz
- 8 EL geschroteter oder gemörserter schwarzer Pfeffer
- 2 TL Chilipulver

Zubehör:

luftdicht verschließbares Gefäß

Alle Zutaten in einer Schüssel vermischen und Rub in einem luftdicht verschließbaren Gefäß aufbewahren.

BURGER-SOSSE

FÜR 550 G

ZUTATEN:

1 Gewürzgurke
10 EL Ketchup
10 EL Mayonnaise
1 EL Senf
1 EL Gurkenwasser
½ TL Salz
1 Prise Pfeffer

Die Gurke in kleine Würfel schneiden und mit den übrigen Zutaten in einer Schüssel verrühren.

BBQ-SOSSE

FÜR 400 G

ZUTATEN:

- 8 EL Ketchup
- 100 ml Apfelessig
- 50 g brauner Zucker
- 2 TL geräuchertes Paprikapulver
- 1 TL gemahlener Kreuzkümmel
- 1 TL Salz
- ½ TL schwarzer Pfeffer aus der Mühle

Alle Zutaten in einen Topf geben und 10 Minuten köcheln lassen. Zum Servieren in eine Schüssel umfüllen.

CHICKEN RUB

FÜR 270 G

ZUTATEN:

4 EL edelsüßes Paprikapulver
3 EL Salz
2 EL schwarzer Pfeffer aus der Mühle
3 EL Knoblauchpulver
1 EL Zwiebelpulver
2 TL Cayennepfeffer
2 TL getrockneter Thymian
2 TL getrockneter Oregano

Zubehör:
luftdicht verschließbares Gefäß

Alle Zutaten in einer Schüssel verrühren und Rub in einem luftdicht verschließbaren Gefäß aufbewahren.

TIPP:

Dieser Rub passt sehr gut zu Chicken Drumsticks (siehe Seite 88) oder dem Roadkill Chicken (siehe Seite 60).

DESSERTS

BROWNIES

FÜR 6 PERSONEN • ZUBEREITUNGSZEIT: 30 MINUTEN VORBEREITUNG • 30 MINUTEN GRILLEN

ZUTATEN:

175 g Zartbitterkuvertüre
125 g weiche Butter
3 Eier
200 g brauner Zucker
1 Prise Salz
1 TL Vanilleextrakt
150 g Mehl
16 Oreo-Kekse

Zubehör:
gusseiserne Pfanne oder feuerfeste Form

1. Den Grill für 180 °C indirekte Hitze vorbereiten.
2. Kuvertüre grob hacken, in einen Topf geben und auf dem Herd bei milder Hitze langsam schmelzen, Butter zufügen und verrühren.
3. In einer Schüssel Eier, Zucker, Salz und Vanilleextrakt mit dem Handrührgerät verrühren. Die Schokoladen-Butter-Mischung und das Mehl zufügen und gut untermischen. Am Ende ein paar zerbröselte Oreo-Kekse unterheben.
4. Die Mischung in eine feuerfeste Pfanne füllen und die restlichen zerbrochenen Kekse obenauf verteilen.
5. Die Pfanne auf den Grill stellen und Brownies im indirekten Bereich 20–30 Minuten backen. Zwischendurch immer wieder mit einem Zahnstocher in den Teig stechen, um die Konsistenz zu prüfen. Wenn kein Teig mehr am Zahnstocher kleben bleibt, sind die Brownies fertig.

S'MORES

FÜR 10 STÜCK • ZUBEREITUNGSZEIT: 5 MINUTEN VORBEREITUNG • 5 MINUTEN GRILLEN

ZUTATEN:

20 Vollkorn-Butterkekse
10 Marshmallows
10 Stücke Schokolade

1. Grill für 180 °C indirekte Hitze vorbereiten.
2. Die Kekse in den indirekten Bereich auf den Grill legen und auf 10 Kekse jeweils 1 Marshmallow legen. Auf die restlichen Kekse jeweils 1 Schokoladenstück setzen.
3. Marshmallows und Schokolade ca. 5 Minuten warm werden lassen, dann jeweils 1 Keks mit Schokolade auf 1 Keks mit Marshmallow setzen.

TIPP:

Wer es fruchtiger möchte, kann die Schokolade auch gegen einen Klecks Marmelade ersetzen. Auch Erdnussbutter und Marshmallows sind eine tolle Kombination.

APFELRINGE IN BLÄTTERTEIG

FÜR 4 PERSONEN • ZUBEREITUNGSZEIT: 15 MINUTEN VORBEREITUNG • 15 MINUTEN GRILLEN

ZUTATEN:

2 Äpfel
1 Packung Blätterteig (aus dem Kühlregal)
3 EL Zucker
1 TL Zimt
Puderzucker (optional)

1. Grill für 190 °C indirekte Hitze vorbereiten.
2. Äpfel waschen, das Kerngehäuse mit einem Ausstecher entfernen und Äpfel in 0,5–1 cm dicke Scheiben schneiden.
3. Den Blätterteig ausrollen und in 2 cm breite Streifen schneiden.
4. Den Zucker in einer Schüssel mit dem Zimt vermischen und über die Apfelscheiben streuen.
5. Die Apfelringe mit den Blätterteigstreifen umwickeln, sodass nur noch wenig vom Apfel zu sehen ist. Dann im indirekten Bereich ca. 15 Minuten backen.
6. Wer mag, kann die Apfelringe zum Schluss noch mit Puderzucker bestreuen.

TIPP:

Als Apfelsorte eignen sich besonders Braeburn und Elstar, deren Fruchtfleisch beim Backen nicht zu stark verfällt. Natürlich kannst du aber auch den eigenen Lieblingsapfel verwenden.

FRENCH ROLLS

FÜR 6 STÜCK • ZUBEREITUNGSZEIT: 10 MINUTEN VORBEREITUNG • 10 MINUTEN GRILLEN

ZUTATEN:

½ Bio-Limette
10 TL Mascarpone
2 TL + 6 EL Zucker
6 Toastbrotscheiben
1 Ei

Zubehör:
Nudelholz

1. Den Grill für 160 °C direkte Hitze vorbereiten.
2. Limette abwaschen, abtrocknen, etwas Schale abreiben und die Frucht auspressen.
3. Mascarpone in einer Schüssel mit 2 TL Zucker, Limettensaft und -abrieb vermischen.
4. Rinde der Toastbrotscheiben abschneiden und die Scheiben mit dem Nudelholz platt rollen. Auf jede Toastbrotscheibe 2 TL der Mascarpone-Creme streichen. Toasts vorsichtig zusammenrollen.
5. Das Ei in einem tiefen Teller mit dem Schneebesen verquirlen, den restlichen Zucker in einen weiteren Teller geben. Die Toastbrotröllchen erst durch das Ei ziehen und dann durch den Zucker rollen.
6. Die French Rolls auf dem Grill auf direkter Hitze in 10 Minuten von allen Seiten angrilllen, sodass der Zucker karamellisiert.

BANANEN MIT SCHOKO

FÜR 4 STÜCK • ZUBEREITUNGSZEIT: 10 MINUTEN VORBEREITUNG • 15 MINUTEN GRILLEN

ZUTATEN:

4 Bananen
½ Tafel Schokolade
1 Packung Blätterteig (aus dem Kühlregal)

1. Grill für 180 °C indirekte Hitze vorbereiten.
2. Die Bananen schälen und längs mit einem Teelöffel etwas auskratzen, sodass Furchen entstehen.
3. Die Schokolade in kleine Stücke brechen und in die Furchen füllen.
4. Den Blätterteig in Streifen schneiden und die Bananen damit ganz umwickeln.
5. Die Bananen 15 Minuten im indirekten Bereich grillen.

GRILLED BREAD PUDDING

FÜR 4-6 PERSONEN • ZUBEREITUNGSZEIT: 40 MINUTEN VORBEREITUNG • 30-40 MINUTEN GRILLEN

ZUTATEN:

- 1 Packung Brioche (500 g)
- 150 g Butter
- 150 g + 3 EL brauner Zucker
- 5 Eier
- 1 TL Zimt
- 1 TL gemahlener Kardamom
- 250 ml Milch
- 250 ml Sahne
- 1 TL Vanillepaste oder Mark von 1 Vanilleschote
- 40 ml Rum
- 200 g Blaubeeren
- Vanillesoße oder Vanilleeis nach Belieben

Zubehör:
feuerfeste Form

1. Das Briochebrot in ca. 1 cm große Würfel schneiden.
2. Butter in einer Pfanne auf dem Grill schmelzen und mit 150 g Zucker, Eiern, Zimt, Kardamom, Milch, Sahne, Vanillepaste / Vanillemark und Rum in eine Schüssel geben und gut verrühren.
3. Die Briochebrotwürfel unterheben und ca. 30 Minuten mit der Flüssigkeit vollsaugen lassen.
4. Währenddessen Grill für 180 °C indirekte Hitze vorbereiten.
5. Die Blaubeeren verlesen, waschen und unter die Masse heben. Teig in eine große feuerfeste Auflaufform füllen und mit dem restlichen Zucker bestreuen.
6. Nun die Form in die indirekte Zone des Grills stellen und Teig ca. 30–40 Minuten backen, bis die Oberseite goldbraun und knusprig ist.
7. Den Blueberry-Bread-Pudding am besten noch warm und mit Vanillesoße oder Vanilleeis verzehren.

GEGRILLTE GRAPEFRUIT

FÜR 2 STÜCK • ZUBEREITUNGSZEIT: 2 MINUTEN VORBEREITUNG • 2–3 MINUTEN GRILLEN

ZUTATEN:

300 g griechischer Joghurt
2 EL Honig
½ TL Vanillepaste
1 Grapefruit
2 EL brauner Zucker

1. Den Grill für 160 °C direkte Hitze vorbereiten.
2. Den Joghurt in einer Schüssel mit dem Honig und der Vanillepaste verrühren.
3. Grapefruit in der Mitte durchschneiden und auf jede Hälfte 1 EL Zucker streuen. Die Grapefruithälften mit den Schnittflächen nach unten auf den Grill legen und auf direkter Hitze kurz angrillen, bis der Zucker karamellisiert.
4. Grapefruithälften mit dem Joghurt anrichten.

GEGRILLTE ERDBEEREN

FÜR 4 SPIESSE • ZUBEREITUNGSZEIT: 10 MINUTEN VORBEREITUNG • 10 MINUTEN GRILLEN

ZUTATEN:

8 EL Honig
2 EL dunkler Balsamico-Essig
16 Erdbeeren

Zubehör:
4 Spieße

1. Den Grill für 180 °C direkte Hitze vorbereiten.
2. Honig und Balsamico-Essig in eine Schüssel geben und verrühren.
3. Die Erdbeeren waschen, entstielen, auf die Spieße verteilen und mit der Honig-Essig-Mischung einpinseln.
4. Erdbeer-Spieße 10 Minuten über direkter Hitze grillen, zwischendurch wenden und nochmals mit der Honig-Essig-Mischung einpinseln. Die Erdbeeren sollten weich, aber nicht zu durch sein.

TIPP:

Die gegrillten Erdbeeren kannst du zusammen mit Joghurt servieren.

GEGRILLTE TARTE

FÜR 4 PERSONEN • ZUBEREITUNGSZEIT: 20 MINUTEN VORBEREITUNG • 40 MINUTEN GRILLEN

ZUTATEN:

- 300 g entsteinte Schattenmorellen
- 100 ml Rotwein
- 3 EL Zucker
- 1 EL Speisestärke
- 1 Packung Mürbeteig (aus der Kühltheke)
- 3 EL Milch
- 4 EL brauner Zucker

Zubehör:
gusseiserne Pfanne

1. Den Grill für 180 °C indirekte Hitze vorbereiten.
2. Die Kirschen in eine gusseiserne Pfanne geben, mit dem Rotwein und dem Zucker vermischen und auf dem Grill aufkochen.
3. Die Stärke in einer Tasse mit etwas Wasser anrühren, zu den Kirschen geben, gut untermischen und weiterköcheln lassen, bis die Soße andickt. Pfanne vom Grill nehmen und Mischung abkühlen lassen.
4. Den Mürbeteig ausrollen und die Kirschen mit der Soße in die Mitte setzen. Die Seiten des Mürbeteigs umklappen, sodass außen ein Rand entsteht. Den Rand mit Milch einpinseln und mit braunem Zucker bestreuen.
5. Den Mürbeteig im indirekten Bereich auf dem Grill ca. 40 Minuten backen.

SMOKED CHEESECAKE

FÜR 6 PERSONEN • ZUBEREITUNGSZEIT: • 20 MINUTEN VORBEREITUNG • 60 MINUTEN GRILLEN

ZUTATEN:

200 g Butterkekse
50 g Butter
1 Vanilleschote
600 g Frischkäse
125 g Crème fraîche
2 Eier
130 g Puderzucker
Abrieb von ½ Bio-Zitrone
50 g Mehl

Zubehör:
gusseiserne Pfanne oder Auflaufform

1. Grill für 160 °C indirekte Hitze vorbereiten.
2. Die Kekse in einen Gefrierbeutel geben und mit einem Nudelholz zerbröseln.
3. Die Butter in einem Topf auf dem Grill schmelzen. Topf vom Grill nehmen und Keksbrösel mit der Butter vermischen. Die Brösel in eine gusseiserne Pfanne oder Auflaufform füllen, am Boden und Rand verteilen und festdrücken.
4. Die Vanilleschote längs aufschlitzen und das Mark mit einem Messer herausschaben.
5. Den Frischkäse in einer Schüssel mit Crème fraîche, Eiern, Puderzucker, Vanillemark und Zitronenabrieb verrühren. Zum Schluss das Mehl dazugeben und untermischen.
6. Die Frischkäsemasse auf dem Keksboden verteilen und Cheesecake im indirekten Bereich des Grills 60 Minuten backen.

Zutatenregister

Bibliografische Information der Deutschen Nationalbibliothek
Die Deutsche Nationalbibliothek verzeichnet diese Publikation in der Deutschen Nationalbibliografie. Detaillierte bibliografische Daten sind im Internet über http://d-nb.de abrufbar.

Für Fragen und Anregungen
info@m-vg.de

Wichtiger Hinweis
Ausschließlich zum Zweck der besseren Lesbarkeit wurde auf eine genderspezifische Schreibweise sowie eine Mehrfachbezeichnung verzichtet. Alle personenbezogenen Bezeichnungen sind somit geschlechtsneutral zu verstehen.

Originalausgabe
2. Auflage 2024

Türkenstraße 89
80799 München
Tel.: 089 651285-0

Redaktion: Ulrike Reinen
Umschlaggestaltung: Isabella Dorsch
Umschlagabbildungen: Michael Gerhardy
Abbildungen Innenteil: shutterstock.com: S. 9: JGA; S. 10: Keith Homan; S. 11: tismaja; S.13: Hussman; S. 16: Zigmar Stein; S. 21: Andrei Mayatnik,; allen anderen Bilder: Michael Gerhardy
Layout und Satz: Müjde Puzziferri, MP Medien München, www.mp-medien-muenchen.de
Druck: Florjancic Tisk d.o.o., Slowenien
Printed in the EU

ISBN Print 978-3-7423-2325-5
ISBN E-Book (PDF) 978-3-7453-2114-2
ISBN E-Book (EPUB, Mobi) 978-3-7453-2115-9